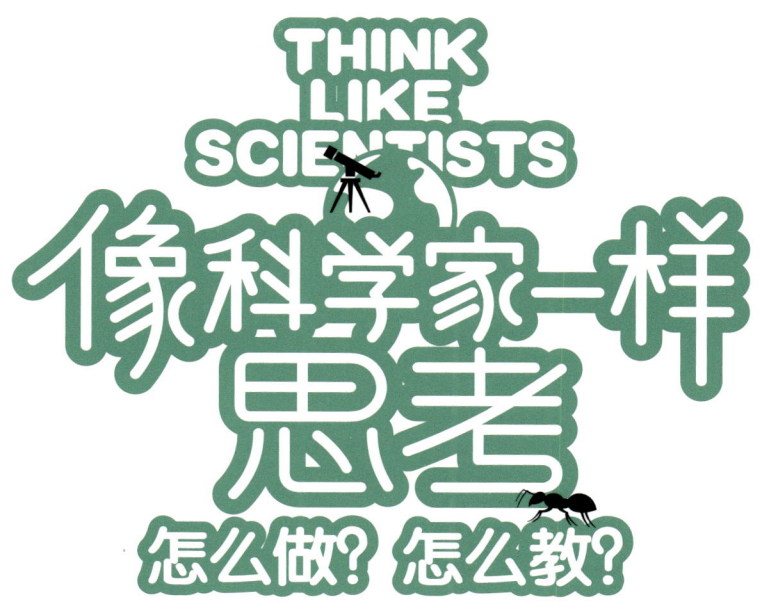

像科学家一样思考

怎么做？怎么教？

马冠中 著

教育科学出版社
·北京·

出 版 人　郑豪杰
策划编辑　殷　欢
责任编辑　殷　欢　邵　欣
版式设计　锋尚设计　王　辉
责任校对　马明辉
责任印制　叶小峰

图书在版编目（CIP）数据

像科学家一样思考：怎么做？怎么教？/ 马冠中著. —北京：教育科学出版社，2023.3（2024.6 重印）
ISBN 978-7-5191-3389-4

Ⅰ.①像… Ⅱ.①马… Ⅲ.①科学知识—学校教育—教学研究　Ⅳ.① G420

中国国家版本馆 CIP 数据核字（2023）第 015213 号

像科学家一样思考：怎么做？怎么教？
XIANG KEXUEJIA YIYANG SIKAO: ZENME ZUO? ZENME JIAO?

出版发行	教育科学出版社		
社　　址	北京·朝阳区安慧北里安园甲 9 号	邮　　编	100101
总编室电话	010-64981290	编辑部电话	010-64981269
出版部电话	010-64989487	市场部电话	010-64989009
传　　真	010-64891796	网　　址	http://www.esph.com.cn
经　　销	各地新华书店		
制　　作	北京锋尚制版有限公司		
印　　刷	北京联合互通彩色印刷有限公司		
开　　本	720 毫米 ×1020 毫米　1/16	版　　次	2023 年 3 月第 1 版
印　　张	15.25	印　　次	2024 年 6 月第 5 次印刷
字　　数	140 千	定　　价	59.80 元

图书出现印装质量问题，本社负责调换。

为科学忠诚而教

马冠中

读者荐语（按推荐人姓氏拼音排序）

  2023年开春，我有幸试读了马冠中老师书中"什么是假设""作出假设的线索"两大部分。图书内容描述准确，图文并茂，语言生动活泼，非常适合小学科学教师理解并能有效指导科学教师进行课堂实践。

——柏毅，东南大学学习科学研究中心教授，硕士生导师

  这是一本有趣的书，全书以漫画的方式讲述科学思考，这很罕见，至少我以前没见过，它的出版或许填补了这类书的空白。那些密密麻麻写满字的科学教育书籍，会让忙碌的老师们望而却步。而一本有趣的漫画书被翻看的概率要大许多，开卷总是有益。也正因为它有趣，阅读门槛低，所以也会吸引家长把它作为亲子阅读的好材料。

——保志明，南京师范大学附属中学化学教研组组长，正高级教师，
中学化学特级教师

  科学技术是社会发展的第一生产力，科学家在这个过程中起着非常重要的作用。这本《像科学家一样思考》就是一本剖析科学思维过程的图书，为大众解析了科学家思考问题、解决问题的全过程，让大众了解并且有可能学习科学

家如何思考问题、如何解决问题。愿大家能够在阅读此书的同时，掌握一些科学的思维方法。

——苟利军，中国科学院国家天文台研究员，中国科学院大学教授

"科学家是怎样的人？科学家怎样观察？怎样提问？怎样作出假设？怎样论证？"当一位科学课教师能提出这样的问题时，就说明他（她）已经触及到科学教育的内核了。我推荐这本书，让我们科学教师有机会走近熟悉又陌生的科学家，了解他们思考问题的过程和方法，提升我们对科学教学的认识。

——贾欣，北京教育科学研究院基础教育教学研究中心科学教研室主任

课堂上我们坚持让学生做探究，通过实践获取知识，但有时又陷入探究的"迷思"——看似热闹的探究课堂可能并没有学生思维的深度参与。马冠中老师在书中提到了真假探究的区别，精确地指出课堂假探究的误区，也揭示了探究课堂的应有样态——"假探究，学了一个知识；真探究，搞懂一个现象"，十分具有参考意义。我相信本书的受众将不止是教师，一定还会受到青少年的青睐。

——李豆豆，北京市育英学校小学科学教师

2022年版义务教育科学课程标准凝练了科学观念、科学思维、探究实践、态度责任四个方面的核心素养，其中科学思维是核心素养的核心，探究实践是学生形成其他素养的主要途径。本书直观展示了科学思维的过程和方法，揭示了科学探究的过程和本质，对于加强和改进科学课的教与学有着重要的意义，也必将对教师和学生科学素养的提升起到促进作用，是科学教师和学生都值得一读的一本好书。

——刘天成，辽宁教育学院小学科学教研员

作者展示在本书中的案例就是科学课堂中真实出现的案例，其中的诸多问题也是课堂常见的问题，尤其是真假探究的提出，值得每一个科学教师深思：我们的课堂让学生搞懂了什么？怎么搞懂的？有时候我们想让学生搞懂的内容和学生真实学习的内容大相径庭，关注点常常指向知识的学习而非能力的习得。在读完本书之后，作为一线教师，会自省教学中的真实情境，转变教学思想，向"真探究"的方向前行。

——郭莹莹，南京外国语学校仙林分校小学科学教师，高级职称

本书作者说："这是一本写给教师的科学思维教学指南！"不，它绝不仅仅是教学用书！它更是一本让老师喜欢上科学思考的故事书！在充满图形思维的故事里，你会被那些可爱的人物卷入情境，然后跟着他们一起琢磨：究竟怎样才能提出科学问题？如何作出假设？又该为假设寻找哪些证据？当你读完一个故事后，又会跳出故事，审视从中学到了哪些思维方法与技能。最后，在我们不断理解科学思考的过程中，教学也跟着发生了变化！这是一本魔法书吗？读读吧，相信你们会和我一样喜欢它，带着它，然后，爱上思考！

——何燕玲，北京市和平里四小科学老师，北京市东城区兼职教研员

这是一本能让好奇心循环的读本。好奇心和求知欲是科学研究的不竭动力。假探究往往只是让学生学了一堆科学术语，并没有真正理解科学概念，也不能应用科学概念解决真实问题。作者旗帜鲜明地提出：教学生不断提出新问题、不断评估和改进实验、不断评估和改进观点，经过这样的训练，无论是儿童还是成人，好奇心真的能够被不断激发循环起来。

——单道华，教育部基础教育教学指导委员会科学教学指导专委会委员，江苏省科学特级教师，江苏省南京市教学教研室评价教研员

科学教学如何从程式化科学探究走向思维型科学探究？如何真正教会学生像科学家那样想问题、做事情？这是在科学课程改革进入新阶段每一位科教人共同面对的课题，也是当今科学教育需要突破的瓶颈。《像科学家一样思考：怎么做？怎么教？》从"提出问题—作出假设—进行实验—论证观点"的科学探究一般过程到"教学设计""跟我一起探究"，用一个个具体而翔实的案例，从局部到整体，诠释着如何在有意义的科学探究过程中教会学生科学思维。书中每一个案例均以我们熟悉的科学课程内容为载体，从科学家如何想、如何做，到课堂中教师如何教、学生如何学，宛如一本连环画册，层层递进，深入浅出，讲述着科学家"想与做"的故事，描述着科学思维"教与学"的路径和方法。

——尚秀芬，教育部基础教育教学指导委员会科学教学指导专委会委员，山西省教育科学研究院基础教育质量监测与评估中心主任，小学科学教研员

过去我也常常疑惑，为什么学生连提问都不会？为什么学生总问不出一个科学问题？为什么学生总是回答不到重点？通过这本书的试读我才发现，学生不会提问是因为我们从来没有给过他们自由提问的机会。如果每节科学课都能和书中那样带着学生去观察、提问、思考、实验，相信会有更多学生懂得如何提问，懂得什么是科学问题，懂得遇到科学问题要如何思考、验证、解决和反思。建议每一位想要自己设计科学课程的人都拥有这样一本实操手册。

——宋男迪，北京科学中心馆员

像科学家一样思考是我们做老师的对学生的期许，马冠中博士的这本书把这一愿景变成一个现实。即使对成年读者、大学教师而言，这本书也让人在轻松阅读中有所获益。古语云"授人以鱼不如授人以渔"，我国著名物理学家黄昆也说过"学习知识……要与自己驾驭知识的能力相匹配"。马老师的这本书无

疑得其要义，为我们思考如何提升驾驭知识的能力提供了指引和参考。我相信这是一个开始。让我们打开这本书，和马老师一起开启探索科学思维教与学的旅程。

——王骏，南京大学匡亚明学院院长，物理学教授

看了马老师图文并茂的书稿，非常欣喜！这本书非常值得推荐给老师们作为科学教育的参考书籍。在本书中，作者细致入微地观察和分析了科学教师在教学中会遇到的各种问题，展现出了作者对科学本质的深刻理解，提出的一些策略和方法定能指导科学教师提升教学水平！

——吴向东，特级教师，正高级教师，教育部"国培计划"首批入库专家，人文引领的实践性科学教育倡导者

在本书正式出版前，我有幸提前浏览了马冠中老师著作的目录和其中一章。我觉得非常好，等待出版后，我愿意向杭州全市小学科学教师推荐。本书将科学教学研究回归到科学探究这一原点，论述了科学探究诸要素的真正含义以及如何在教学中应用，真正做到了科学思维的培养落地。感谢马老师为广大一线科学教师提供了如此优秀的教学支持，向马老师致敬！

——徐春建，浙江省杭州市小学科学教研员，小学科学特级教师

这本书中的很多内容可从 2022 年版义务教育科学课程标准中找到对应锚点。首先，注重实践。作者强调先让学生开展观察，在观察的经验和认知基础上再来谈问题，符合学习规律。其次，注重进阶。每个部分的研究都是进阶设计的，如第一章从怎么提出问题到如何选择问题，再到提出新的问题；教学方法的设计也是进阶的，从学生现状出发先经历、积累经验，再示范提升，最后

总结提炼，让学生学会学习，领悟方法。再次，注重反思评价。每部分内容结束前，都会引导读者用结构图/流程图的方式突出本部分核心要素，并以"评论区"方式引发再思考，引导读者更多的交流分享。最后，每部分内容总结时的脚手架，不仅是教学过程的支持框架，也可作为自己阅读、学习和研究的支持框架。当然，本书还有更多的益处，需要您沉浸其中来发现。

——杨生军，教育部基础教育教学指导委员会科学教学指导专委会委员，新疆维吾尔自治区克拉玛依市克拉玛依区小学科学教研员

本书内容的雏形曾在作者的个人微信公众号上推送。马老师围绕科学和科学教育，选择大家感兴趣的话题，采用图文并茂、生动活泼的形式，做了深入浅出的介绍，深受老师的喜爱和赞赏。现在图书辑录出版，让我们得以完整地了解作者的思考和探索，对一线教师深入理解科学的本质、提高科学教学的水平将会有很大的帮助。

——喻伯军，教育部基础教育教学指导委员会科学教学指导专委会委员，浙江省教育厅教研室副主任，教科版小学《科学》教材副主编

读第一遍时我完全被书中活泼有趣的内容所吸引，还没来得及静下心深思其中的内容。读第二遍时越发觉得有了很多教学感悟。尤其喜欢"教学脚手架"和"误解与澄清"两个板块，前者对一章进行归纳与总结，后者解答了我的困惑与难点。我想我在给他人解释为什么要这样教时会用到书中的内容。总体读下来，这真的是一本特别适合科技馆馆校结合教师的工具书。

——郑博文，重庆科技馆展览教育部副部长

目录

推荐序一 "科学思维"如何可视化？// 张红霞

推荐序二 用科学的思维方式看世界 // 郝京华

前言 这是一本科学思维教学指南

提出问题——明确要认识的现象

1 "观察到这个现象，我想知道……" /002
　——问题的来源

2 "这不是科学问题，因为……" /014
　——什么是科学问题

3 "研究过了这个问题，下一个问题是……" /025
　——提出新问题

教学脚手架 /037

误解与澄清 /039

作出假设——提出现象可能的原因

4 "造成这个现象，可能是因为……" /042
　　——什么是假设

5 "这个线索，启发我作出假设……" /051
　　——作出假设的线索

教学脚手架　/069

误解与澄清　/070

进行实验——检验作出的假设

6 "实验方案，我是这么想出来的……" /074
　　——设计实验

7 "这个实验不够完善，我得改改。" /090
　　——评估和改进实验

教学脚手架　/112

误解与澄清　/114

论证观点——回答提出的问题

8 "我的观点是……，证据是……" /118
——用证据支持观点

9 "这个观点不一定对，因为……" /134
——评估和改进观点

教学脚手架 /148

误解与澄清 /150

教学设计——为科学思维而教

10 "做什么样的探究，孩子能学习科学思考？" /154
——搞懂自然现象

11 "为科学思维而教的课，可以是什么样的？" /173
——科学故事线

误解与澄清 /185

 **跟我一起探究——两个完整教学案例**

案例1　植物怎么长歪了？　/190

案例2　声音是怎么产生的？　/200

后记　这本书，是怎么写出来的　/211

推荐序一

"科学思维"如何可视化？

张红霞（南京大学教授，教科版小学《科学》教材主编）

  2022 年应该是中国科学教育又一个具有划时代意义的年份。这一年是以"卡脖子"难题为标志的国际政治、经济、科技竞争异常激烈的一年。这一年是新冠疫情反复无常、防疫工作错综复杂、公民科学素养面临考验的一年。这一年我国颁布了新的义务教育课程方案和课程标准，其中科学课程标准首次明确以"科学思维"作为科学课程要培养的学生核心素养中的关键词。提出"科学思维"这一概念不是对"科学探究"的否定，而是为了以更加鲜明的态度和坚定的决心，纠正中小学教学实践中普遍存在的机械模仿探究过程的做法。

  2022 年，教育部发布多项与科学教育改革相关的政策文件，其中包括对中小学教师开放中国科学院和师范院校的科学教育资源，通过师范生公费教育、"优师计划"等从源头上加强本科及以上层次高素质专业化小学科学教师供给，推动科普活动助力"双减"政策落地，加强高等教育层面的科教融合改革。在这样的政策背景下，我们可以做些什么？我的同事马冠中博士乘势而上，将自己多年用心打造的公众号"像科学家一样思考"上的原创文章进行整理、修订和重新设计，以体系化的面貌辑录出版，为新课标精神的落地献上了一份厚礼。

马冠中博士毕业于香港大学科学教育专业，也曾有过丰富的科普工作经验，并于2021年加入我们成立不久的南京大学陶行知教师教育学院，成为我们院第一个专任的、专业的科学教育专家，也成为我本人在科学教育领域孤军奋战几十年来第一位科班出身的科学教育同事，是我院学科教学（物理）新学科建设的生力军。马老师的教学工作十分繁忙，但他在百忙之中常常和我讨论科学教育问题，这对于我这个长期脚踩高等教育和基础教育两条船、急需知识更新的人来说，好比久旱逢甘霖，也获益匪浅。

"科学思维"核心素养的提出是破解中国科学教育瓶颈的突破口，然而在实践中如何落实挑战巨大，原因在于其可行性而不是理论性。正如当年布鲁纳的结构主义思想一样，理论上是正确的，但难以落实。可以说今天美国的《新一代科学教育标准》（Next Generation Science Standards）才真正实现了他的理想。中国教育面临的困难无疑会更大，因为科学思维是西方文化的精髓，它不仅事关科学教育问题，而且是整个教育系统的全局性问题。

通俗地讲，科学思维就是科学家分析问题、解决问题的方法。如果加上科学的工具、量化的工具，就是科学家与数学家合力动脑筋的方法。在爱因斯坦看来，中国没有产生近代科学是因为缺两样东西：实验思想和公理体系，前者事关科学思维的核心，后者事关数学思维的核心。换句话说，科学思维不同于其他思维类型的独特性在于其实验思想,而科学的实验过程不仅要建立在客观的观察之上,还要运用分析、归纳、演绎等逻辑思维工具对观察数据进行加工。

新课标提出科学思维核心素养之后,相关研究论文和课标解读纷至沓来。然而,大多数研究仍然与一线教师的需求隔着"最后一公里",对不少一线教师而言,科学思维及其培养仍然是雾里看花。而马老师的《像科学家一样思考:怎么做?怎么教?》则是在这"最后一公里"征途上迈出了一大步。概括而言,该书具有如下特点。

第一,书名开宗明义地对科学思维的内涵进行了生动的诠释:像科学家一样思考。科学哲学流派众多,从传统的机械唯物主义到极端的后现代主义,应有尽有,所以对科学思维的定义也是五花八门。但对教育实践而言,最具操作性的定义莫过于以从事科学职业的人的思维方式为准绳。

第二,全书以科学家从事科学研究的常见过程为章节结构:提出问题——明确要认识的现象、作出假设——提出现象可能的原因、进行实验——检验作出的假设、论证观点——回答提出的问题,而且通过多样化的教学案例,使科学思维培养的教学难点得到生动活泼的处理,这与作者本科毕业于物理学专业的扎实功底不无联系。

第三,该书图表丰富、以图代文,是国内少有的图文结合式教学参考用书。这不仅使内容的可读性、亲和力得到提升,而且以情境化的教学案例对如何实现科学思维可视化进行了生动的展示。事实上这种写作风格本身就是对思维可视化策略极好的展示:记录表、过程线、模型图、气泡图的巧妙使用，不仅使复杂的思维过程变得简洁流畅，而且客观地记录了学生观察、实验的过程和结果，也为开展有理有据的论证活动提供了科学的依据。

第四，语言幽默、诙谐。卡通人物形象配以生动明快的对话式行文，更是让读者的阅读体验变得轻松愉快，一个个教学脚手架将与卡通人物一起成为科学教师备课的小助手。

当然，真实的科学发现过程是复杂多样的，任何教学指南一旦给出探究步骤或思维步骤，都难免陷入违背科学实践本来面目的悖论。因此，可以说任何科学思维可视化方案都只是在现实条件限制之下的权宜之计。真正实现科学思维显性化之时，就是当科学思维成为所有教师、家长，乃至全体公民思维习惯或默会知识的那一天。当然，那一天的实现不可能一蹴而就，而要靠像马冠中老师这样逐步接近目标的不懈努力。

推荐序二

用科学的思维方式看世界

郝京华（南京师范大学教授，苏教版小学《科学》教材主编）

  哈佛大学珀金斯教授曾言：教育有很多功能，从教授简单的基本知识（读写和算术）到让那些父母上班的孩子们不至于流落街头。但我认为，要让学生留在学校直至 15 岁、20 岁，我们需要一个更有力的理由，我的观点是训练他们的学科思维。哈佛大学的另一位教授加德纳认为，21 世纪课堂教学改革的最大亮点就是学科思维培养。

  什么是学科思维？为什么要学习学科思维？简单地说，学科思维就是学科专家看世界的方式。不同的学科有不同的看世界的方式，哲学有哲学看世界的方式，数学有数学看世界的方式……，如此便有了哲学思维、数学思维、艺术思维、历史思维、科学思维之分。学习学科思维，就是学习不同学科看世界的方式，唯此，我们的心灵才能丰富起来。

  科学思维的特点是什么？它与其他学科的思维方式区别何在？

  科学思维是科学家认识自然现象时运用的思维方法。和其他学科相比，科学思维特别强调事实，特别强调逻辑，特别强调通过观察、实验获取的证据，特别强调严格论证基础上的观点及理论的建立。综观所有的科学理论，莫不具有这一属性。

那普通人又为何要学习科学思维？毕竟专职从事科学研究的只是少数人。我以为，普通人学习科学思维的理由之一是满足人的好奇心。好奇是人的天性，从孩提时代起每个人都有问不完的为什么，为什么会打雷，为什么我们看不见风，为什么天会黑，为什么会下雨……。当然，这种好奇心可以通过查阅书籍找到答案而得以满足，但通过这种方式获得的满足感肯定不能与通过自己探究找到答案时的体验相提并论。看看那些大喊"啊哈，我明白了"的人欣喜若狂的样子，你就知道被告知与自想己探的区别。这和猜谜是一个道理，喜欢猜谜的人一定不急于打听谜底，一定很享受猜谜烧脑的过程。普通人学习科学思维的理由之二是提高人的理性精神。理性是相对感性而言的，一个具有理性精神的人不会随意跟着感觉行事，较少冲动，凡事总要思考一下，多问几个为什么，尝试透过现象看本质，既不盲从，也不迷信权威，只听从内心批判性思维、逻辑思维的结果。理性精神于己重要，于国也重要，实现中华民族伟大复兴，少不了全体公民理性精神的提升。

认可科学思维于普通人也具有重要价值的教师会把科学思维放在与科学知识同等重要的位置。但不少教师苦于不知道科学家如何思维，也不知道如何培养学生的科学思维。别急，这本书就是告诉你科学家是如何思考的。除此，这本书还告诉你如何教学生像科学家一样思考，正如作者在书中所言"这是一本科学思维教学指南"。

到底是一本什么样的科学思维教学指南呢？作者在书的前言部分概述得十分清楚，读者可以把这部分视为真正意义的"序"。它包括书的内容（这是一本什么样的书？）、体例（你在书里会看到什么？），以及如何使用这本书（这本书，你可以怎么用？），写序的我只不过想借此机会说些其他有关方面的话。

我想告诉读者，写这样书的人不容易，他得具备两方面的学养，一方面他得熟悉科学家的工作，另一方面他得熟悉教师的工作。作者马冠中正是这样一位科教人，物理学科出身的他有一部分科学工作者的"血统"，所从事的科学教师培养和培训工作又使他有一部分教育工作者的"血统"，本书就是这两部分"血统"的结晶。

我还想告诉读者，这本书与一般的科学思维教学指南相比，有诸多的不同。

首先，我认可作者对书所作的自我评价：可靠、系统、接地气。

说它可靠，是书中所言均基于一定的研究。说它系统，是因为科学家思考的关键要素——提出问题、作出假设、进行实验、论证观点，该书都涉及了。不仅探究的要素介绍全面，而且每一个要素之下的要点也十分全面。说它接地气，是指它的表述方式，无论是科学家的思考还是教师的教学设计，均以情境化的案例的形式呈现。除此，还有基于案例的"形而上"的概括与总结，既有"骨头"又有"肉"，教师读起来不会吃力，且容易产生共鸣。

其次，是书的体例新颖。

新颖之一体现在书的大小标题的设计上。一级标题，表明本章的主旨内容；二级标题均以主副标题的形式呈现，主标题用科学家行为的典型语句呈现，副标题点出典型语句的实质，如主标题"这不是科学问题，因为……"，副标题表示为"什么是科学问题"。这样的标题呈现方式，让教师既了解科学思维的典型语句是什么，又能理解其实质，我特别欣赏作者独具匠心的标题设计。

新颖之二是案例呈现独特。书中案例既有正例——包括科学家如何探究、如何思考的正例和科学教师如何教科学思维的正例，也有反例——科学思维教学的反例。对于这些反例，作者不是仅将其放在被批判的位置，而是让教师在阅读相关内容后再去改进、换个教法，把反例变成正例。

新颖之三是简洁。综观整本书，文字并不多，作者采用卡通人物与简笔画相结合的形式表达内容要义，这符合现代社会大众的审美需求。同样的内容，人们更喜欢非语言表征，既形象生动，又不失深度，真正做到深入浅出。

科学教育承载着实现中华民族伟大复兴的重任，科学教师是第一责任人。教师在教学生的同时，还要不断地充电。这本书就是帮你充电的好工具！当我们的学生都能像科学家一样思考时，中国这片科技高原之上必将耸立起更多科技高峰。

科学教师任重道远！

前言　这是一本科学思维教学指南

科学家对自然充满好奇。他们通过持续的探究认识自然，满足他们的好奇心。同时，他们发现更多想知道的问题，产生了新的好奇。

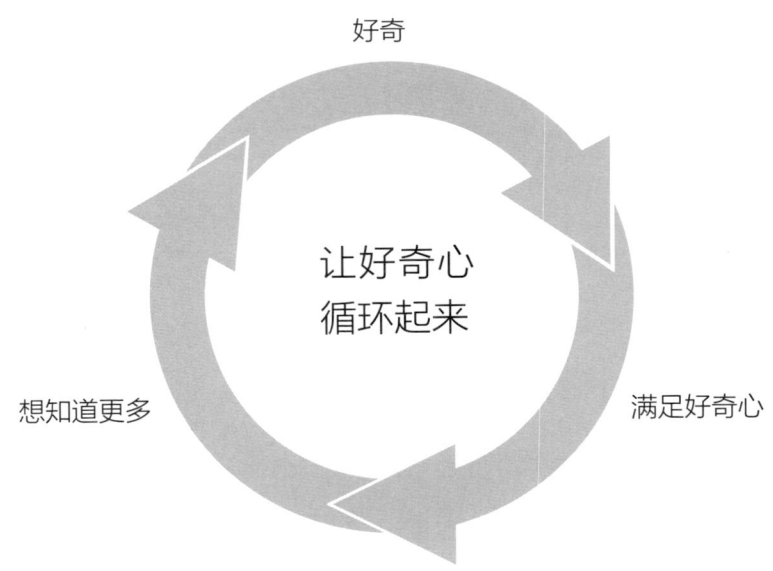

好奇心不断循环，科学家不停地思考。

可是，孩子们的好奇心越来越少。
怎么让孩子们的好奇心也循环起来，像科学家一样不停地思考？
这本书就回答这个问题！

 科学思维教学指南。

这是一本什么样的书?

这是一本可靠、系统、接地气的科学思维教学指南。

说它可靠,是因为书里的内容不是简单的个人经验总结,而是来自扎扎实实的科学研究。

你再也不用道听途说,而可以放心地学习和使用书里的内容与方法。

说它系统,是因为书里不是罗列一堆零散的案例,而是按照各个探究要素逐个排好。

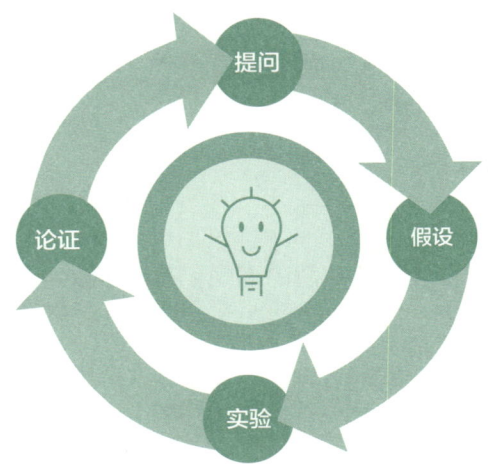

你再也不会眉毛胡子一把抓,而是可以全面学习,各个击破。

说它接地气，是因为这本书不是枯燥空洞地说理，而是通过实例说明怎么做。

你再也不用绞尽脑汁琢磨费解的词句，而是可以专注于学习使用里面的方法。

你在书里会看到什么?

在这本书里的每个部分,你会和我一块儿琢磨两个问题:

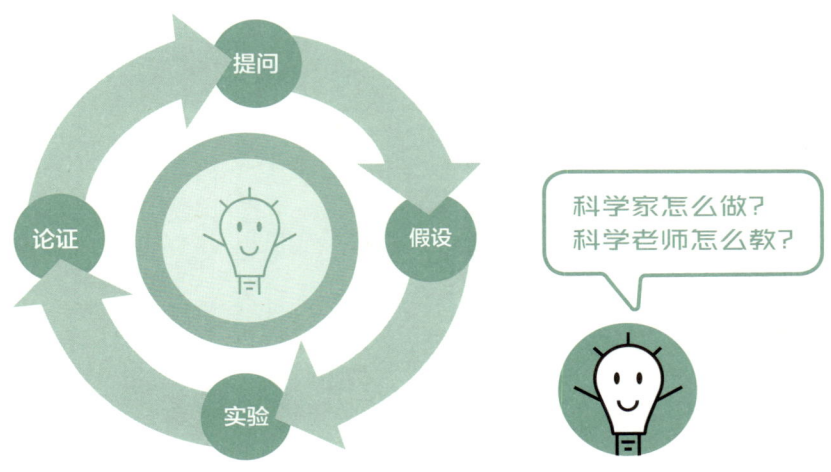

然后,你会看到这部分的要点总结。

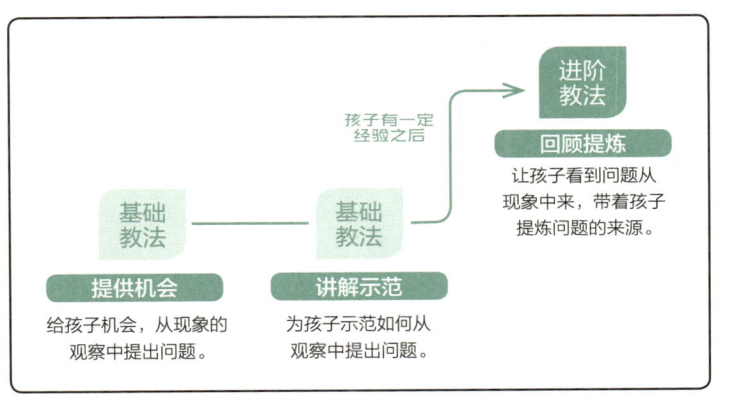

除此之外，你会收到一份教学脚手架清单，里面有引导性问题示范、学习单、板书设计，你可以直接用起来。

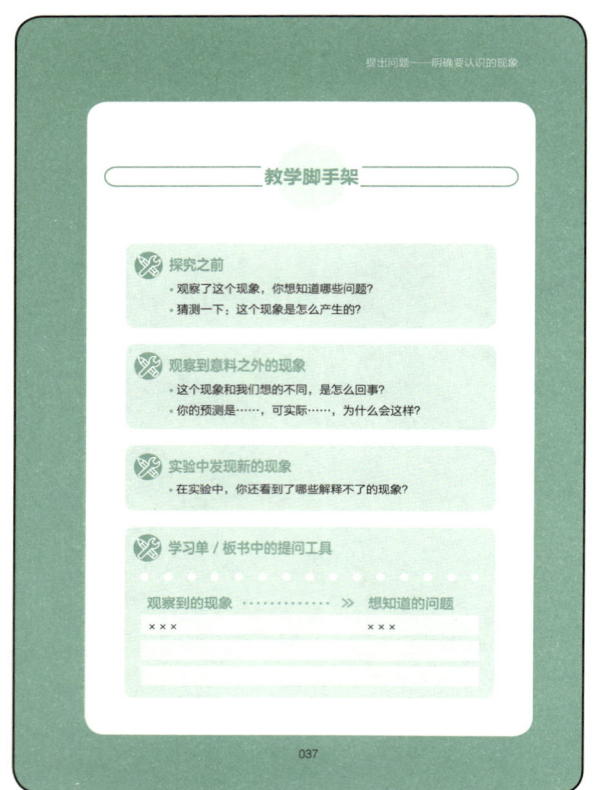

对于科学思考，我们自己也有不少误解。

为此，我在书中为你准备了"误解与澄清"板块，每部分学习之后一起检验之前的误解是否都澄清了。

这本书，你可以怎么用？

你可以拿它当学习资料。

一页一页地读，系统地学习科学思考是什么、怎么教。

也可以拿它当工具书。

比如，备课时，如果你想教孩子提问，就可以翻开相应的部分，选一个教法用在课堂上。

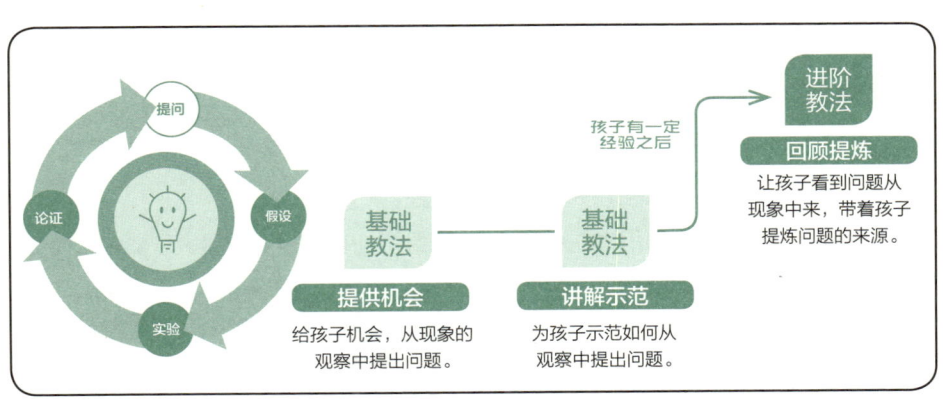

还可以拿它当教研活动的参考。

在教研活动中，就这本书里的课例进行讨论，改进你的先行课、公开课、比赛课，当然，还有最重要的——常态课。

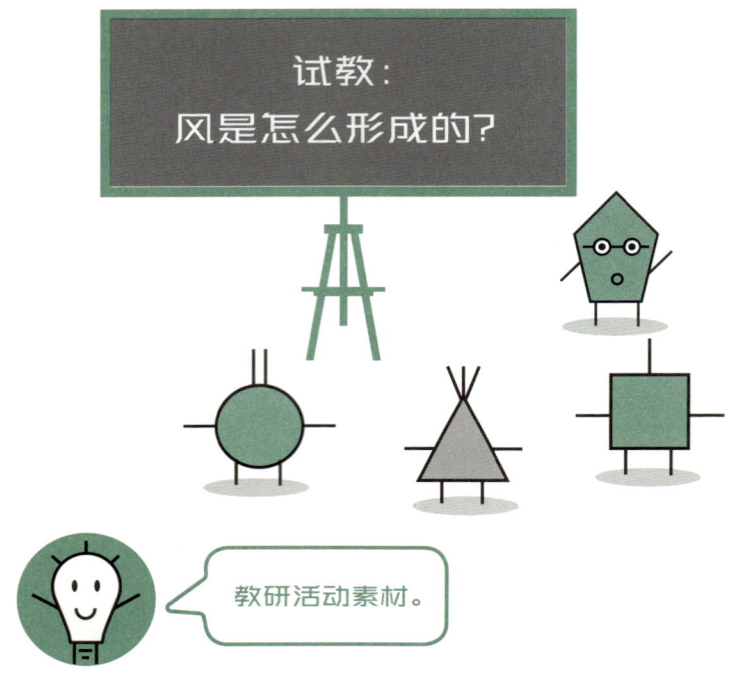

当然，这本书也可以当作亲子共读的材料。

孩子学习科学家如何思考，你边读边练习如何教孩子这样思考。

有了这本指南，相信你可以教出会思考的孩子，也能教出会思考的自己。
我们都需要学习

"像科学家一样思考"！

读这本书时，你不是一个人，有一群人陪着你。
来，让他们做个自我介绍！

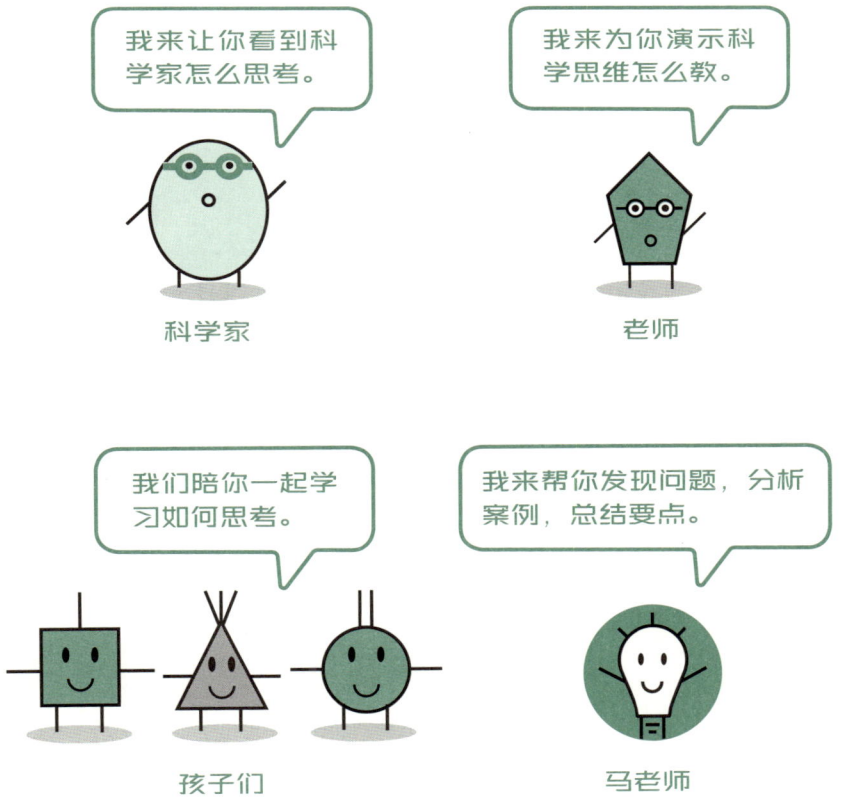

开始你的学习之旅吧!

提出问题
——明确要认识的现象

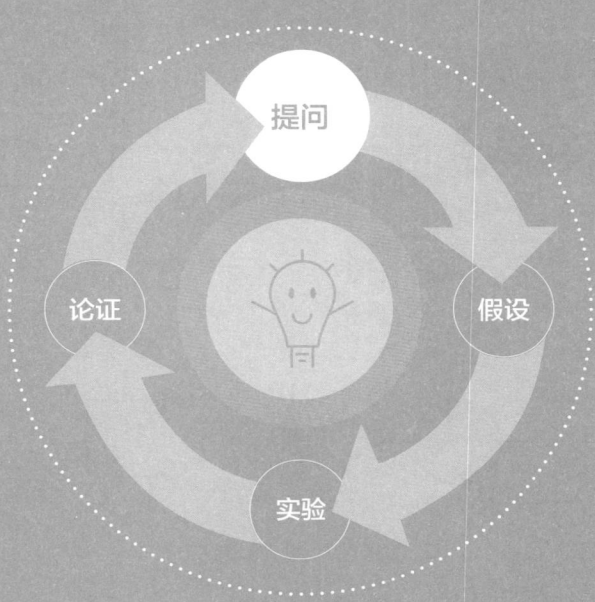

1

"观察到这个现象,我想知道……"
——问题的来源

来,听一节课。

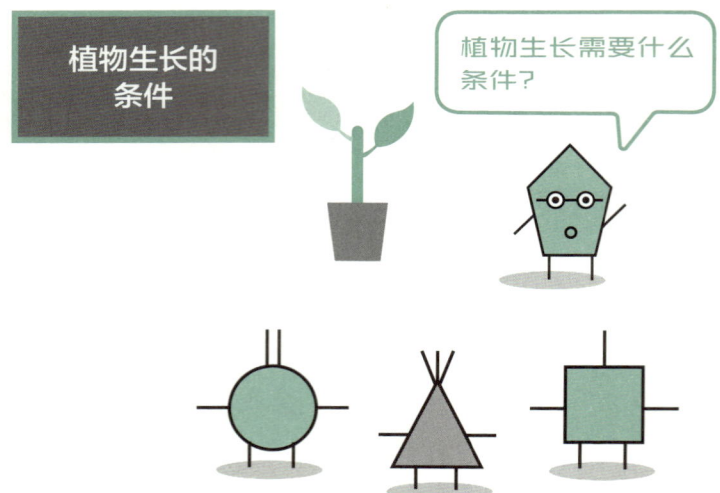

这个老师正在提问学生,你发现什么问题了吗?
这个问题是老师提出来的,孩子什么都没干!
这样的后果是……

总是给孩子指定问题,他们不可能学会提问。

提出问题——明确要认识的现象

那么,问题来了:

要想提出问题,孩子得知道去哪里找问题。

? 问题从哪里来?

科学家总能提出很多问题,咱们看看他们是从哪里找问题的。

像科学家一样思考：怎么做？怎么教？

例子 1

看到一只蜗牛，咱们可能只是简单地盯着看。而科学家会想：

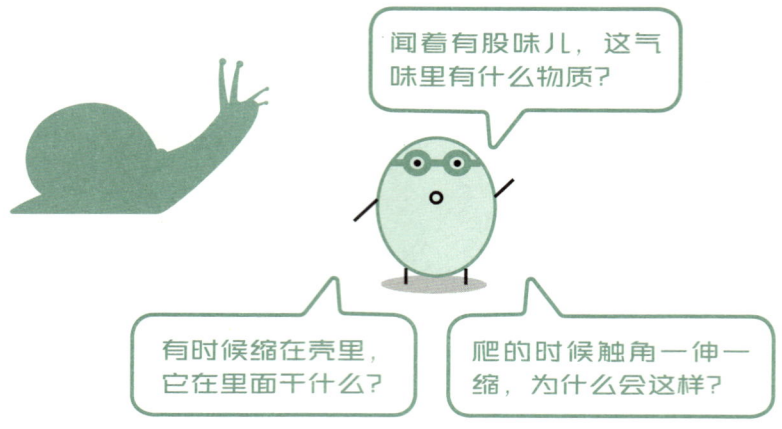

你有没有注意到，科学家的问题里有两部分内容：

对蜗牛的观察 ……… >>	想知道的问题
闻着有股味儿	这气味里有什么物质？
缩在壳里	它在里面干什么？
爬的时候触角一伸一缩	为什么会这样？

科学家也许暂时还回答不了，但是先把问题提出来。

从这里我们看出来，科学家的问题来自对蜗牛等自然中物体的观察。

 问题从这里来 −1

从对自然中物体的观察中来。

004

例子 2

遇上不好的天气，咱们可能会抱怨个不停。而科学家会想：

吹来一阵大风，为什么风有大有小？

雨从天上落下，雨水到底来自哪儿？

雪花飘落下来，雪是怎么形成的？

科学家的这些话里也有两部分内容：

对天气的观察	想知道的问题
吹来一阵大风	为什么风有大有小？
雨从天上落下	雨水到底来自哪儿？
雪花飘落下来	雪是怎么形成的？

像科学家一样思考：怎么做？怎么教？

从例子2能看出来，科学家在观察风、雨、雪这样的自然中发生的事情时会提出问题。

问题从这里来 -2
从对自然中发生的事情的观察中来。

看了两个例子，我们总结一下。
科学家研究自然现象，他们从对自然现象的观察中提出问题。

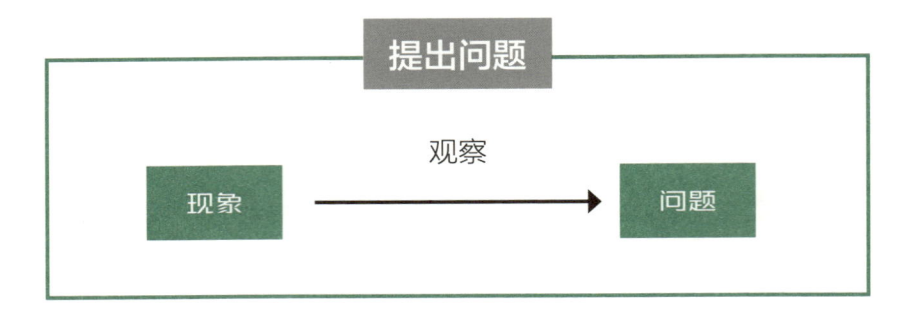

提出问题

现象 —— 观察 ——> 问题

知道了科学家是如何提出问题的，我们再来想想怎么教孩子提问。

? 怎么教孩子提问？

要回答这个问题，来看看老师的课可以怎么上。

提出问题——明确要认识的现象

先看一节课。

🔍 课堂 1

> 你观察到了什么?
> 想搞懂什么?

老师让孩子先观察蜗牛的特征,再从中提出问题。
这样,孩子有了自己提问的机会,更有利于学习如何提问。

基础教法 — **提供机会**:给孩子机会,从现象的观察中提出问题。

可是,也许有些孩子还不知道怎么从观察中提出问题。怎么办呢?
一起来看看下面这节课。

像科学家一样思考：怎么做？怎么教？

🔍 课堂 2

> 我观察到蜗牛有时缩在壳里。

> 我想知道它在里面干什么。

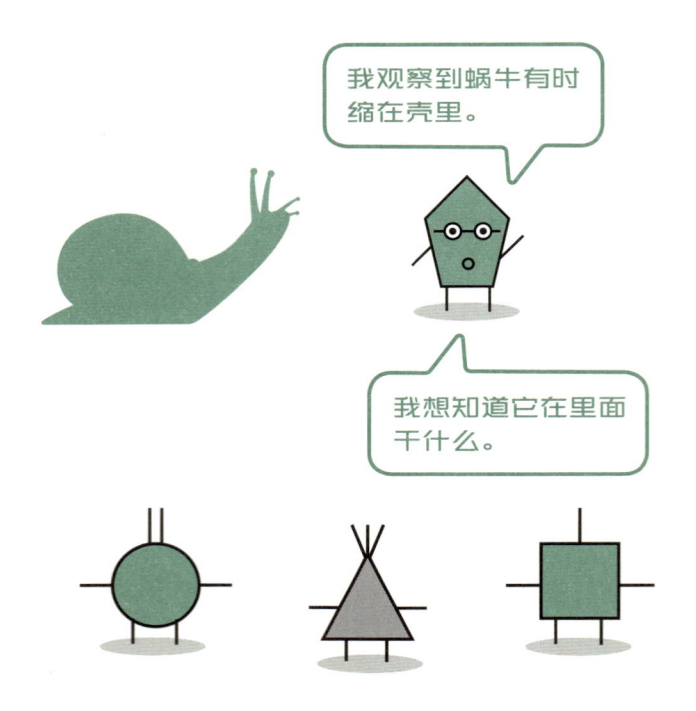

当老师说"我观察到……""我想知道……"，其实是在给孩子示范怎么提问。

这样，孩子就能模仿老师，学着自己提出问题。

基础教法 — 讲解示范：为孩子示范如何从观察中提出问题。

当孩子已经有了一些提问的经验，我们还希望他们能自己意识到问题是从哪里来的。怎么做呢？

再来看一节课。

课堂 3

现象	想知道的问题
闻着有股味儿	这气味里有什么物质？
缩在壳里	它在里面干什么？
爬的时候触角一伸一缩	为什么会这样？
……	……

科学家在观察蜗牛时提出了许多问题，这些问题是从哪儿来的？

老师把问题的来源摆了出来，带着孩子回顾提问的过程。

这样，孩子就能明确问题的来源，下次提问时，知道去哪里找问题。

回顾提炼

进阶教法：让孩子看到问题从现象中来，带着孩子提炼问题的来源。

要在孩子有了一定的提问经验之后，再用这个进阶教法。

像科学家一样思考：怎么做？怎么教？

还记得吗？我们一开始问：

怎么教孩子自己提出问题？

我们的回答是：试着按下面的思路来思考。

? 问题从哪里来？

问题从这里来 —1
从对**自然中物体**的观察中来。

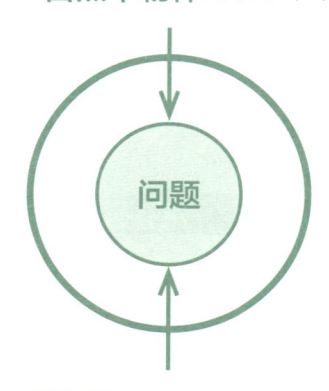

问题

问题从这里来 —2
从对**自然中发生的事情**的观察中来。

提出问题——明确要认识的现象

简单来说，问题从对自然现象的观察中来。

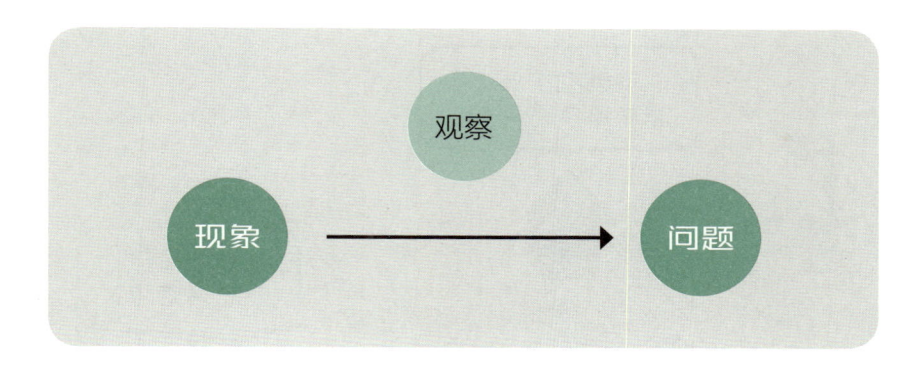

观察

现象 ⟶ 问题

? 怎么教孩子提问？

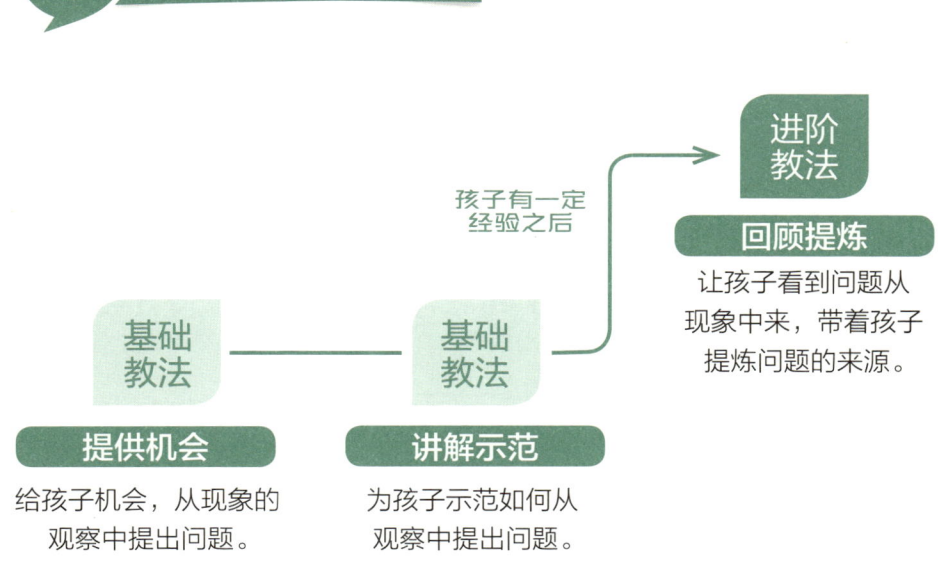

进阶教法

孩子有一定经验之后

回顾提炼
让孩子看到问题从现象中来，带着孩子提炼问题的来源。

基础教法 ——— 基础教法

提供机会
给孩子机会，从现象的观察中提出问题。

讲解示范
为孩子示范如何从观察中提出问题。

像科学家一样思考：怎么做？怎么教？

回答了这个问题，本节最开始的那节课可以换个上法。

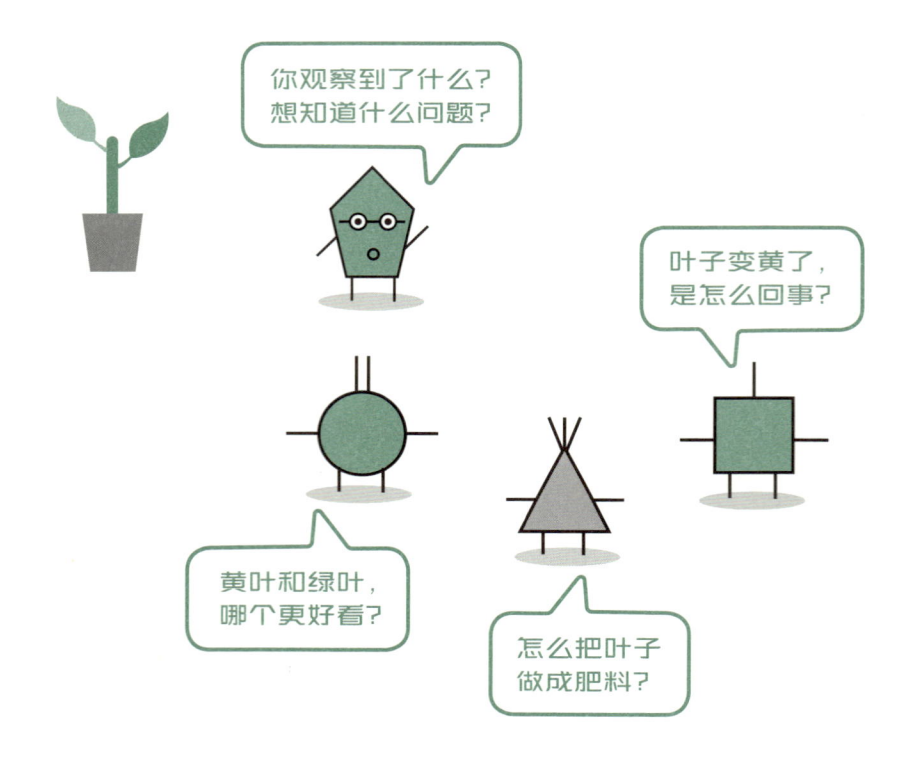

你观察到了什么？
想知道什么问题？

叶子变黄了，
是怎么回事？

黄叶和绿叶，
哪个更好看？

怎么把叶子
做成肥料？

这样上课，孩子可以提出好多问题。
可是，时间有限，每节课只能探究少量问题。

怎么选择研究问题呢？

下回接着聊！

评论区

老师只是鼓励我们提问，可又不在乎我们问了什么，更不教我们怎么提问。知道了问题从哪里来，提问题就有方向了！

孩子

一直想在课堂上教孩子提问，可是，我发现自己也不会提问。现在我知道问题从哪里来了。一定要在我的课上试试这几种教法！

老师

你的思考

2

"这不是科学问题，因为……"
——什么是科学问题

上回咱们说到，课堂上孩子们提了好多问题。

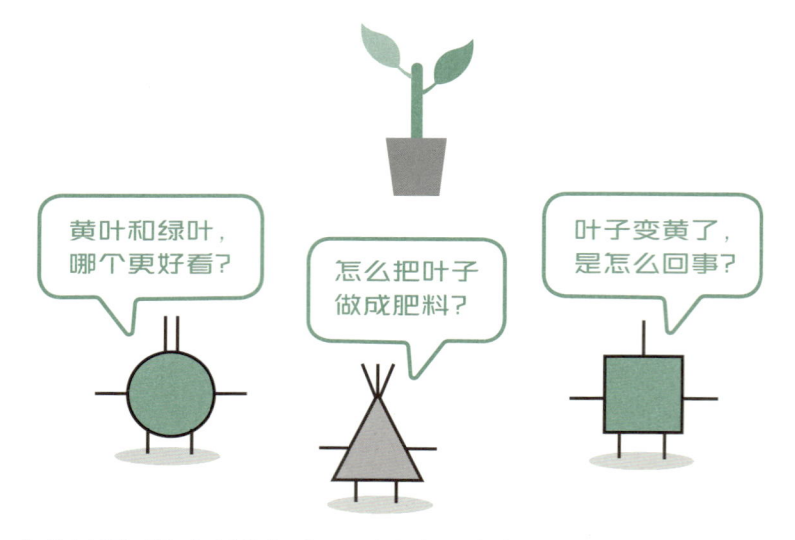

> 黄叶和绿叶，哪个更好看？

> 怎么把叶子做成肥料？

> 叶子变黄了，是怎么回事？

这些问题不能全部都探究，要选出一个来。有的老师会指定一个问题。

> 你们的问题很有意思，今天我们来研究这个问题。

叶子怎么变黄了？

提出问题——明确要认识的现象

可是，这样一来，孩子的积极性全没了。

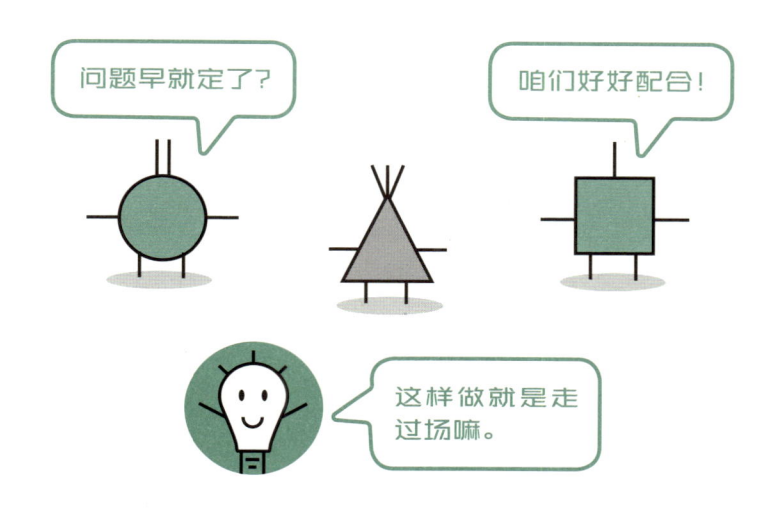

> 问题早就定了？

> 咱们好好配合！

> 这样做就是走过场嘛。

既要保护孩子提问的积极性，还要在课上研究一个特定的问题，怎么做呢？

咱们的问题又来了：

怎么教孩子选择研究问题？

> 一块儿琢磨下！

有时，孩子提出来的不是科学问题，可以先将其挑出来。
咱们先来看看什么样的问题是科学问题。

像科学家一样思考：怎么做？怎么教？

❓ 科学问题什么样？

先看看孩子们都提了什么样的问题。

✏️ 问题 1

> 黄叶和绿叶，哪个更好看？

孩子可能会这么回答：

> 黄叶。

> 绿叶。

> 一样。

这个问题问的是个人喜好，怎么回答都行，没有对错。

♥ 个人喜好问题

💡 有些问题关乎审美，见仁见智，科学家不研究这样的问题。

再看一个孩子们提的问题。

016

问题 2

> 怎么把叶子做成肥料?

这是个生产实际问题,对应的回答是一个制作流程。

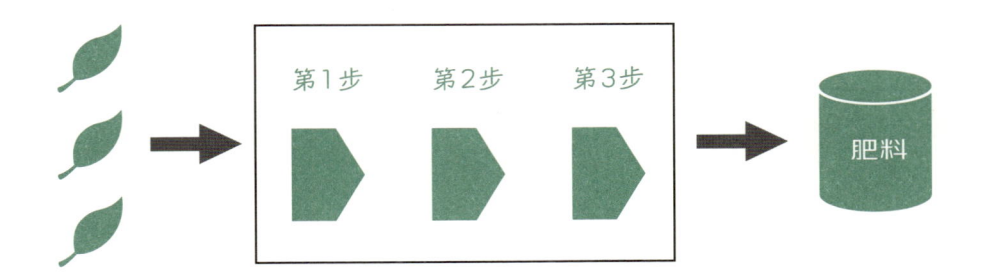

解决这个问题需要用到科学知识。

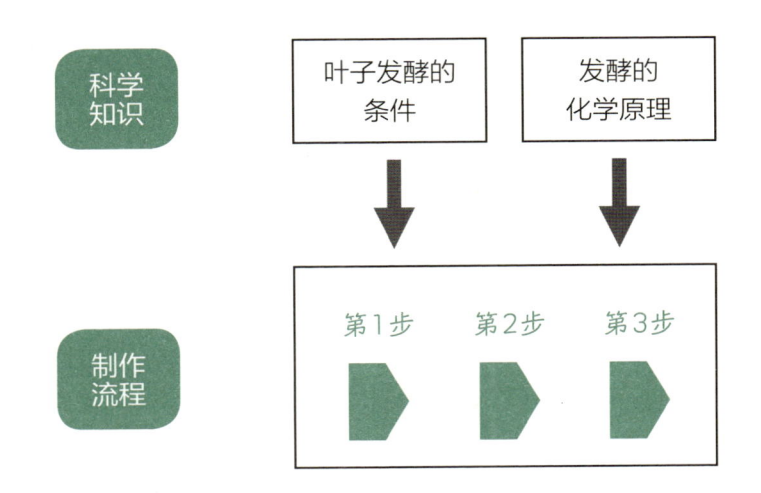

像科学家一样思考：怎么做？怎么教？

可是，这个问题本身不是科学家要研究的。

工程技术问题

工程技术问题，还是交给工程师去研究吧。

还剩一个问题，咱们来看看。

问题 3

叶子变黄了，是怎么回事？

叶子变黄是一个自然现象，这里问的是现象产生的原因，也就是要认识自然现象。认识自然的问题通常就是科学研究的问题。

科学研究问题

提出问题——明确要认识的现象

对于这个问题，你也许能想出好几种原因来。可究竟哪个对，不是见仁见智的，而是要通过观察和实验来判断。

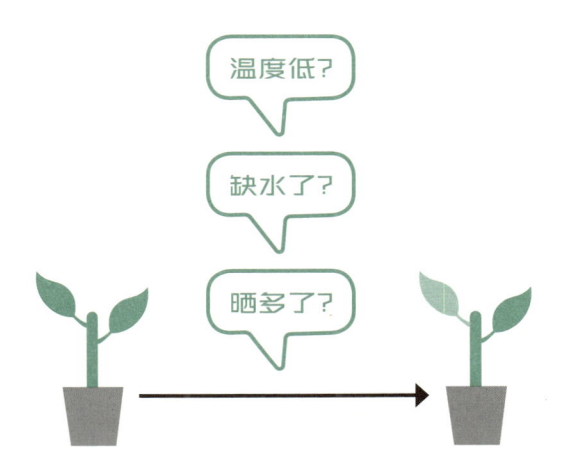

温度低？

缺水了？

晒多了？

> 科学研究问题是要认识自然现象，科学家通过观察和实验等方式回答问题。

三个问题都看完了，你们有没有发现，只有一个问题属于科学问题。

黄叶和绿叶，哪个更好看？	叶子变黄了，是怎么回事？	怎么把叶子做成肥料？
个人喜好问题	科学研究问题	工程技术问题

知道了这些，咱们还得琢磨一下怎么教孩子选出科学问题。

? 怎么教孩子选出科学问题？

去课堂里找办法！

像科学家一样思考：怎么做？怎么教？

先看看这节课。

课堂1

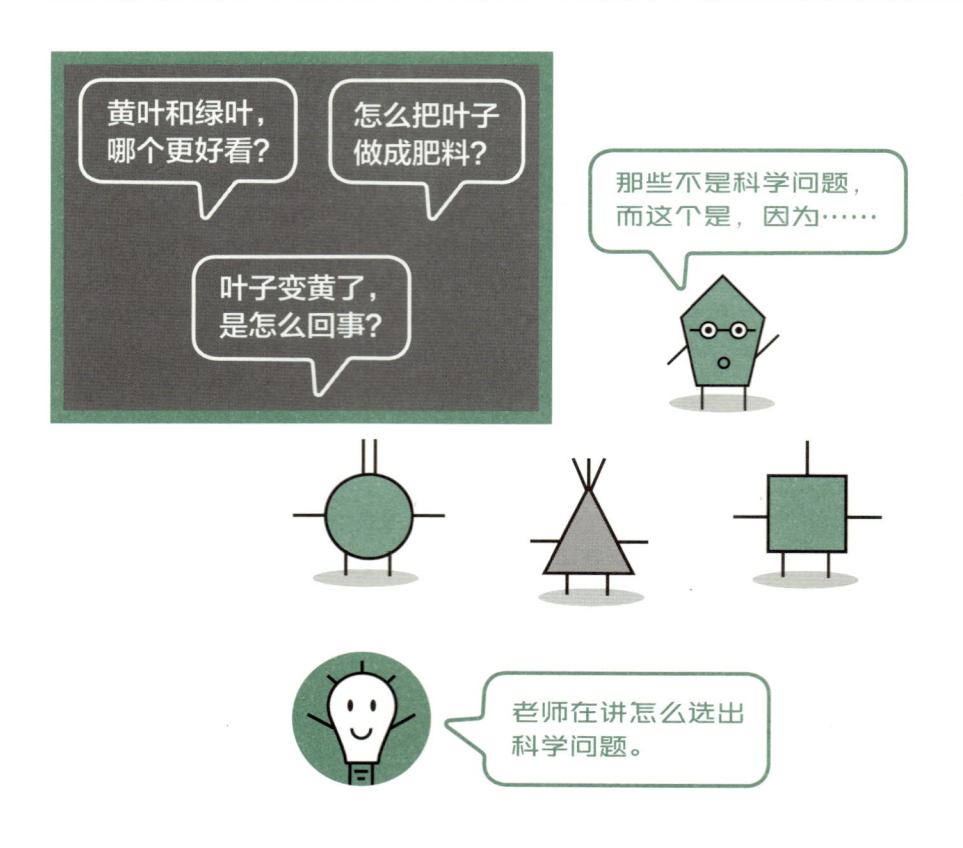

黄叶和绿叶，哪个更好看？

怎么把叶子做成肥料？

叶子变黄了，是怎么回事？

那些不是科学问题，而这个是，因为……

老师在讲怎么选出科学问题。

这样，孩子知道哪些问题是科学问题，就学会了如何选出合适的问题来探究。

基础教法 — 讲解示范

老师示范选出科学问题的过程。

当孩子有了一些提出问题的经验，我们希望他们能自己提炼出科学问题的标准和特点，这时可以怎么做呢？

提出问题——明确要认识的现象

来看看这样行不行。

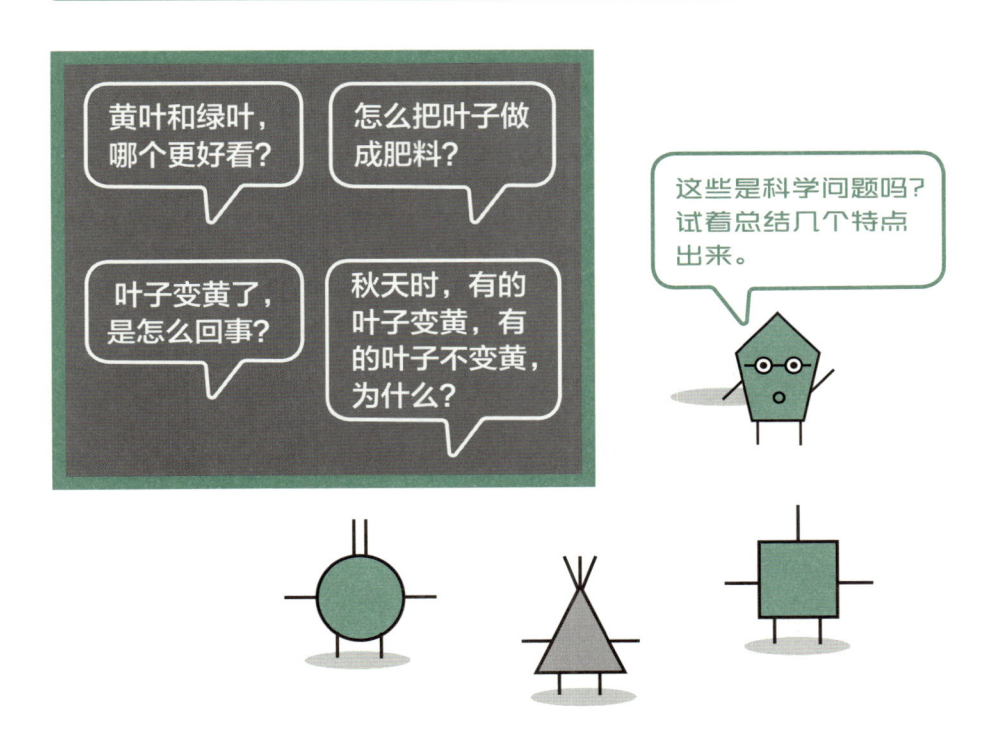

课堂 2

> 黄叶和绿叶，哪个更好看？
>
> 怎么把叶子做成肥料？
>
> 叶子变黄了，是怎么回事？
>
> 秋天时，有的叶子变黄，有的叶子不变黄，为什么？

这些是科学问题吗？试着总结几个特点出来。

老师让孩子自己选出科学问题，总结科学问题的特点。

这样，孩子就不是在等着老师告诉他们答案，而是自己经历了总结提炼的过程。

进阶教法

回顾提炼

让孩子自己提炼科学问题的特点。

💡 要在孩子有了一定提问经验之后，再用这个进阶教法。

像科学家一样思考：怎么做？怎么教？

现在，咱们能回答这个问题了。

怎么教孩子选择研究问题？

? 科学问题什么样？

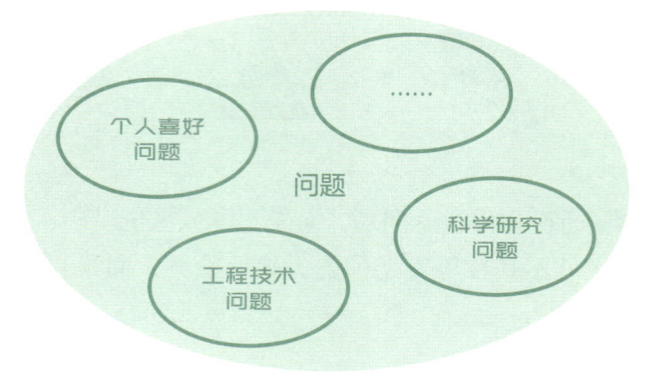

问题
- 个人喜好问题
- ……
- 工程技术问题
- 科学研究问题

科学研究问题

目的是认识自然。

通过观察和实验等方式回答。

提出问题——明确要认识的现象

? 怎么教孩子选出科学问题?

进阶教法

回顾提炼

让孩子自己
提炼科学问题的特点。

孩子有一定
经验之后

基础
教法

讲解示范

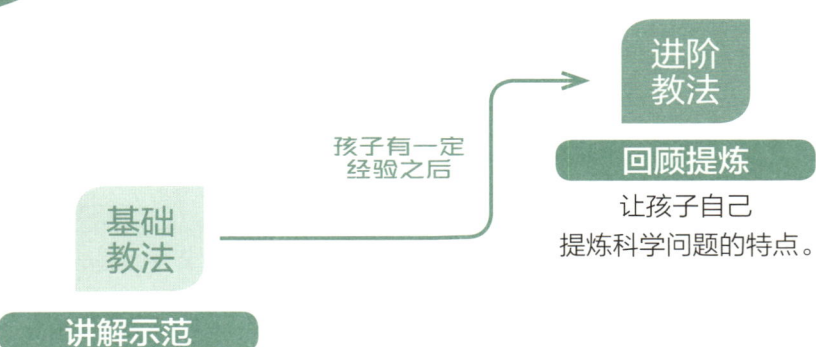

老师示范选出
科学问题的过程。

你有没有注意到，在前面的例子里提问都是科学探究中的第一件事。你可能会觉得只有在探究开始时才需要提出问题。

是这样的吗?

咱们下回接着聊!

023

像科学家一样思考：怎么做？怎么教？

评论区

孩子：课堂上老师总是忽略我们的问题，那还叫我们提问干吗？现在我理解了，原来我们提的问题里有些根本不是科学问题……

老师：课本里写了这节课要探究的问题，我不能按孩子提的问题来呀！书里的这个办法不错，我知道课上怎么引导孩子筛选问题了。

你的思考

3

"研究过了这个问题，下一个问题是……"
——提出新问题

接着上回咱们聊的话题，你可能觉得提问只是探究开始时需要做的事。

我想知道……

起点

像科学家一样思考：怎么做？怎么教？

到底是不是这样？我们要搞清楚：

除了探究的开始，
科学家还会在什么情况下
提出新问题？

一块儿琢磨下！

去看看科学家实际的探究过程是什么样的。

提出问题——明确要认识的现象

先来看看这个探究。

📝 例子 1

	无盖杯	有盖杯
0 分钟	5.5℃	5.5℃
30 分钟	9.0℃	7.8℃
温度变化	+3.5℃	+2.3℃

右边这个杯子保"冷"更久，可能的原因是……

> 提问

这个杯子是怎么保"冷"的呢？

> 假设

杯盖帮助保"冷"。

像科学家一样思考：怎么做？怎么教？

这个假设对不对呢？科学家会通过实验进行验证。

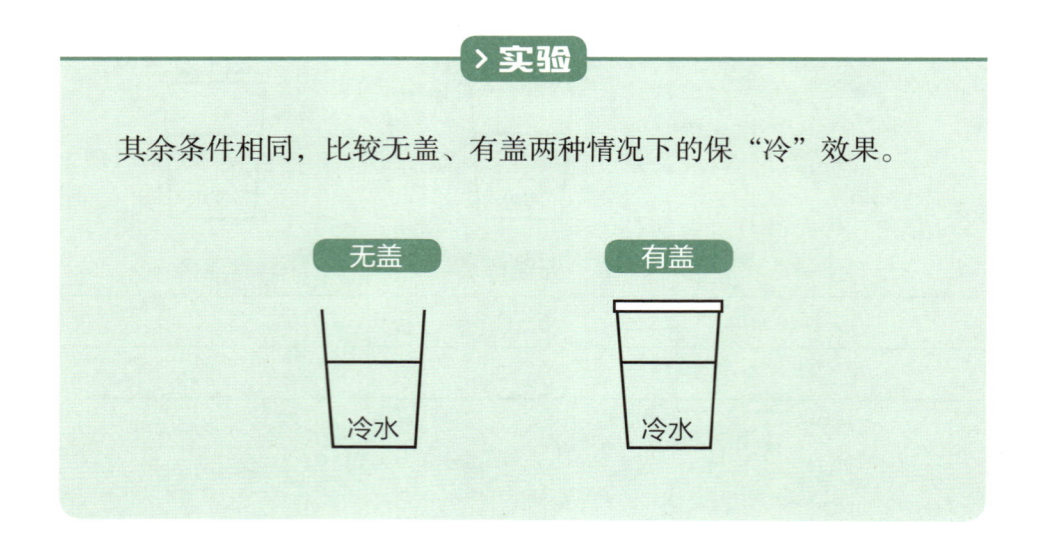

> 实验

其余条件相同，比较无盖、有盖两种情况下的保"冷"效果。

无盖　　　　有盖
冷水　　　　冷水

在实验中，发现了新现象。

> 现象

杯子外面有很多小水珠。

028

提出问题——明确要认识的现象

又提出新问题。

> 问题

这些小水珠是从哪里来的?

看到没?在研究杯子为什么保"冷"的问题时,科学家发现了新现象,提出了新问题。

这时会提问 -1
在实验过程中观察到新现象,不知道如何解释时。

再看一个探究。

例子 2

> 现象

← 白板笔

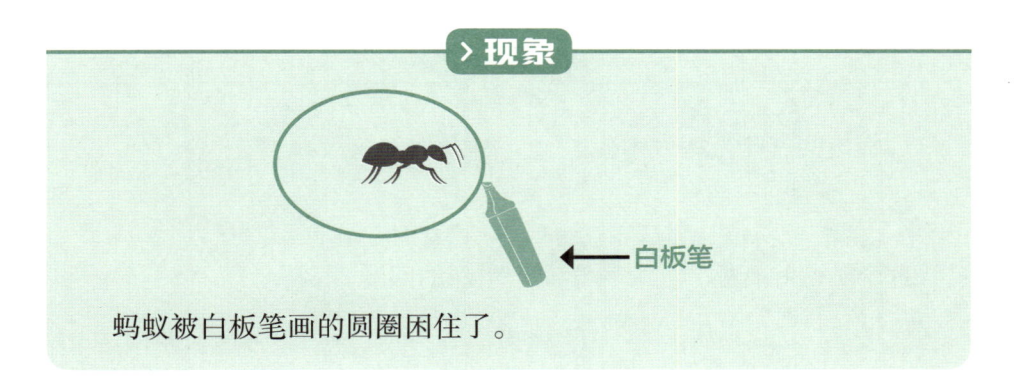

蚂蚁被白板笔画的圆圈困住了。

像科学家一样思考：怎么做？怎么教？

> 问题

蚂蚁为什么被困住了？

> 假设

白板笔的气味把蚂蚁困住了。

> 实验

让气味散一散，看看蚂蚁会不会跑。

过一会儿 → 蚂蚁跑出来啦！

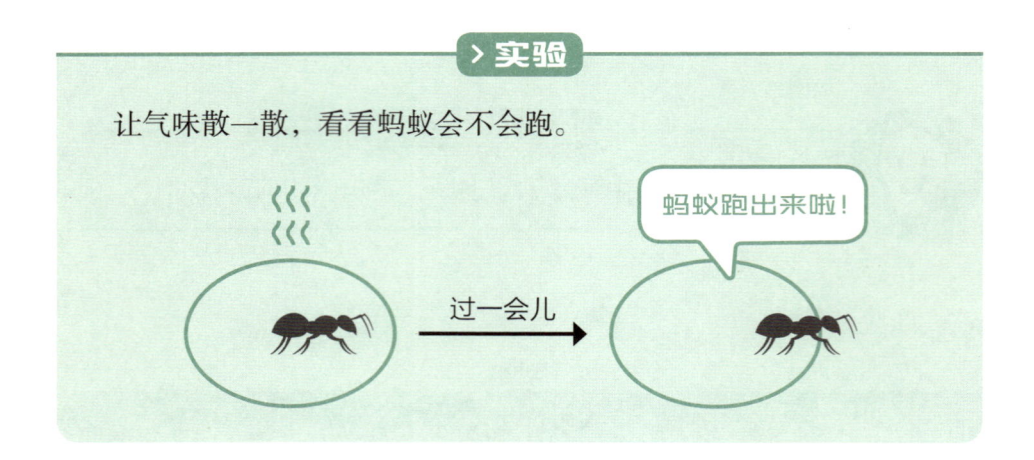

> 结论

白板笔的气味把蚂蚁困住了。

这个结论好有趣，启发科学家产生新的问题。

提出问题——明确要认识的现象

> 问题

白板笔的气味把蚂蚁困住了。蚂蚁是怎么闻到气味的？

注意到了吗？在得出"白板笔的气味把蚂蚁困住了"的结论之后，科学家又提出了新的问题。

> 这时会提问 -2

得出结论后，结论本身又需要进一步解释时。

再来看前面提到的一个探究。

例子 3

> 现象

叶子变黄了。

像科学家一样思考：怎么做？怎么教？

> 问题

叶子变黄了是怎么回事？

> 假设

低温使叶子变黄。

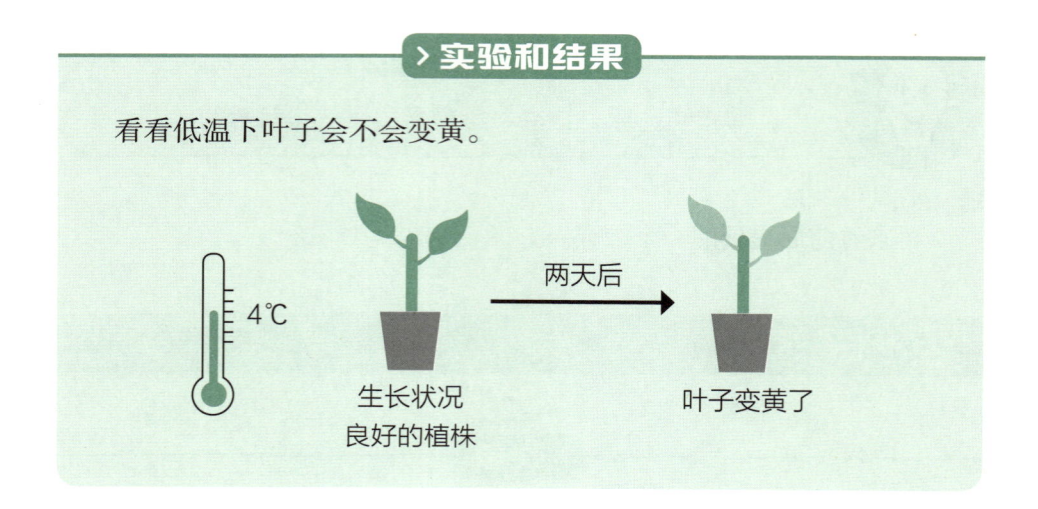

> 实验和结果

看看低温下叶子会不会变黄。

4℃　生长状况良好的植株　两天后　叶子变黄了

> 结论

低温下，叶子会变黄。

但研究的结论不一定永远正确，时常会遇到反例。

提出问题——明确要认识的现象

> 现象

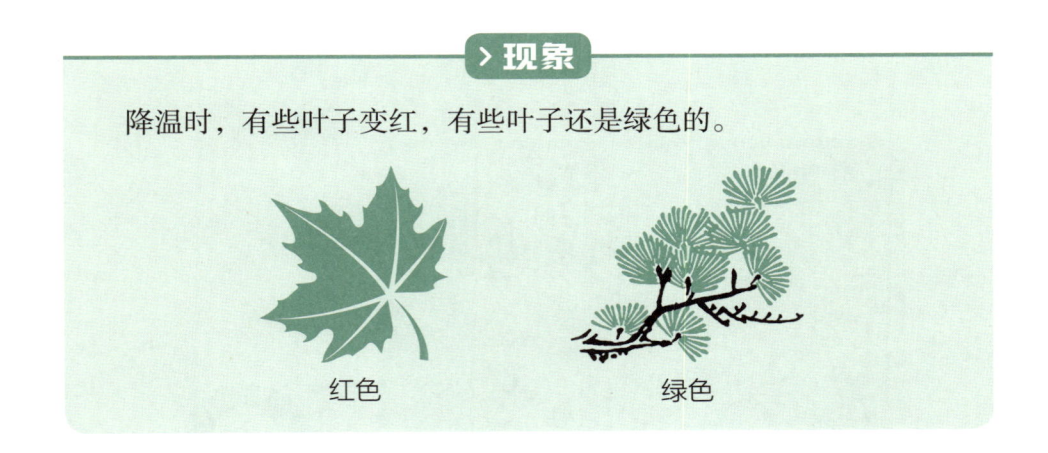

降温时，有些叶子变红，有些叶子还是绿色的。

红色　　　　　　　　绿色

这些现象之前的结论解释不了。

> 问题

这是什么原因造成的？

这里，原来的结论解释不了新发现的现象，产生新的问题。

这时会提问 -3

得出结论后又遇到新现象，现有的知识解释不了时。

像科学家一样思考：怎么做？怎么教？

看完三个探究，再来回顾我们一开始的问题：

> 除了探究的开始，
> 科学家还会在什么情况下
> 提出问题？

提问不只是在探究开始时，在这三种情况下也会提出新问题。

这时会提问 -3
得出结论后又遇到新现象，现有的知识解释不了时。

这时会提问 -2
得出结论后，结论本身又需要进一步解释时。

这时会提问 -1
在实验过程中观察到新现象，不知道如何解释时。

我想知道……

起点

034

提出问题——明确要认识的现象

怎么把这些教给孩子呢？和孩子一起，记住一句话：

> 时刻对自然好奇，
> 好奇时刻的自然！

像科学家一样思考：怎么做？怎么教？

评论区

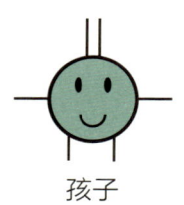

孩子：每次做实验，老师总让我们盯着实验结果。可是，我时常会冒出很多新想法、新问题。原来科学家就是这样的呀。哈哈！

老师：以前我觉得问题都是在探究开始时提出的。原来我错了，只要有解释不了的现象，就会产生新问题。这下让孩子提问的机会就更多了。

你的思考

_____

_____

_____

提出问题——明确要认识的现象

教学脚手架

探究之前
- 观察了这个现象,你想知道哪些问题?
- 猜测一下:这个现象是怎么产生的?

观察到意料之外的现象
- 这个现象和我们想的不同,是怎么回事?
- 你的预测是……,可实际……,为什么会这样?

实验中发现新的现象
- 在实验中,你还看到了哪些解释不了的现象?

学习单 / 板书中的提问工具

观察到的现象	>>	想知道的问题
×××		×××

听取别人的发言
- 听听同学的发言,把他们的问题记下来。
- 告诉大家这个问题让你想到了什么。

探究之后
- 有了结论后,你还想知道哪些问题?

误解与澄清

✗ 科学家很厉害，什么问题都研究。

科学家提出和回答了很多问题，积累了大量的科学知识，这让很多人觉得科学问题包罗万象，科学家什么问题都研究。事实上，科学家只研究自然现象，他们提出的问题都是关于自然现象的，包括这些自然现象是怎样的、有哪些特征、为什么会是这样的，以及自然是如何变成现在这样的。

✗ 科学家只在研究的开始时提出问题。

问题驱动着科学研究，好的问题是科学研究的关键。不少人觉得科学家只在研究的开始时提出问题，而后面都是在回答这个问题。事实上，科学家在整个研究过程中都会提出新的问题。在实验过程中，在得出结论之后，只要发现现有知识不能解释的现象和观点，科学家都会提出新的问题。

像科学家一样思考：怎么做？怎么教？

关于这一部分，你有什么新认识、新问题？
写下来，分享给更多人，我们一起来探讨。

作出假设
——提出现象可能的原因

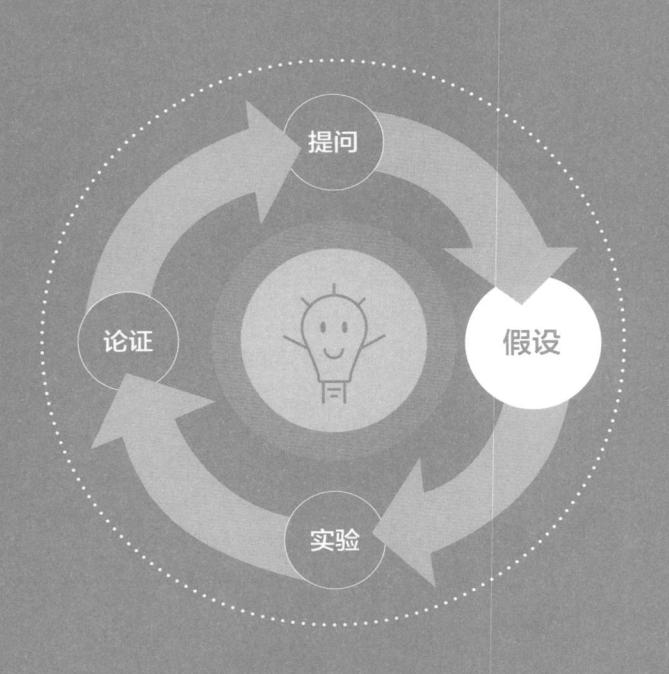

4

"造成这个现象，可能是因为……"
——什么是假设

前面，咱们聊了怎么教孩子像科学家一样提出问题。

前情提要
1. 怎么教孩子自己提出问题？
2. 怎么教孩子选出探究问题？
3. 怎么教孩子不断提出新问题？

孩子提出了问题，咱们就要带着他们回答这些问题。来看一个课堂片段，看看这位老师是怎么做的。

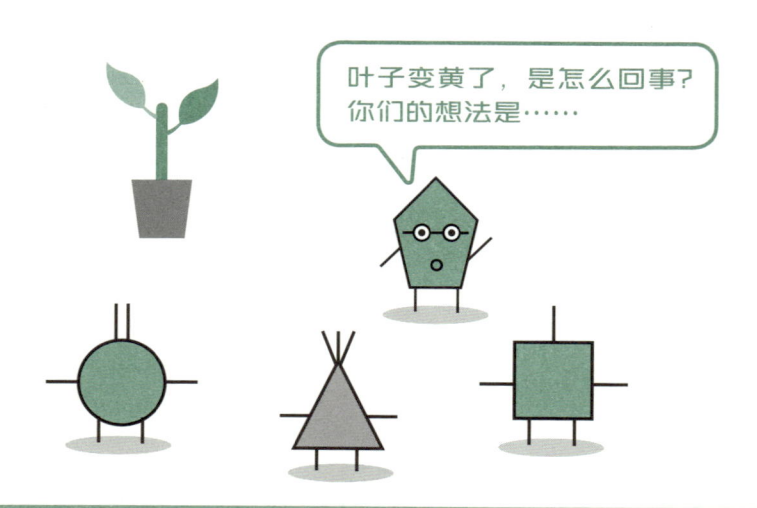

叶子变黄了，是怎么回事？你们的想法是……

作出假设——提出现象可能的原因

这是老师在让孩子提出"假设"呢。
可是，研究问题多种多样，研究每一种问题都要孩子作出假设吗？

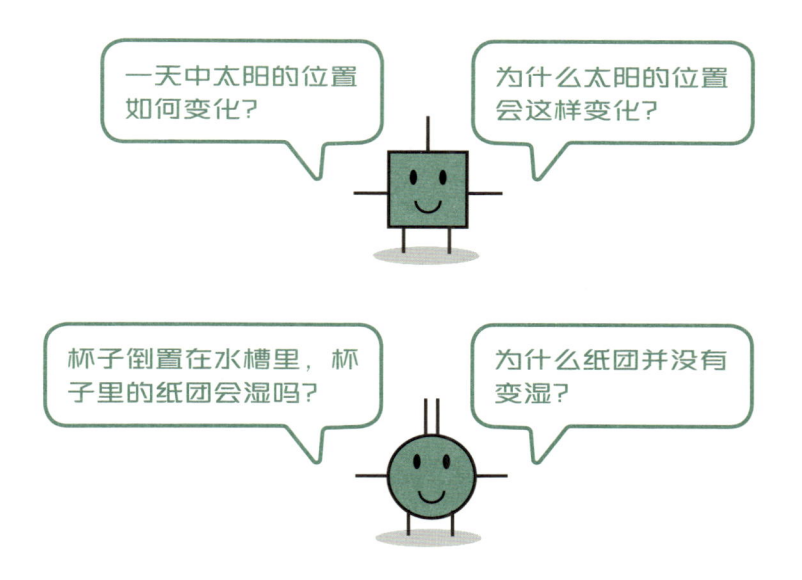

> 一天中太阳的位置如何变化？

> 为什么太阳的位置会这样变化？

> 杯子倒置在水槽里，杯子里的纸团会湿吗？

> 为什么纸团并没有变湿？

这回，咱们来聊一聊这个问题：

研究什么样的问题需要孩子作出假设？

> 一块儿琢磨下！

像科学家一样思考：怎么做？怎么教？

还是来看几个例子。

例子1

一天中太阳的位置如何变化？

这个问题的回答是要描述太阳位置在一天中的变化情况。

回答这样的问题，直接去观察就好了，不需要"假设"太阳位置怎么变化。

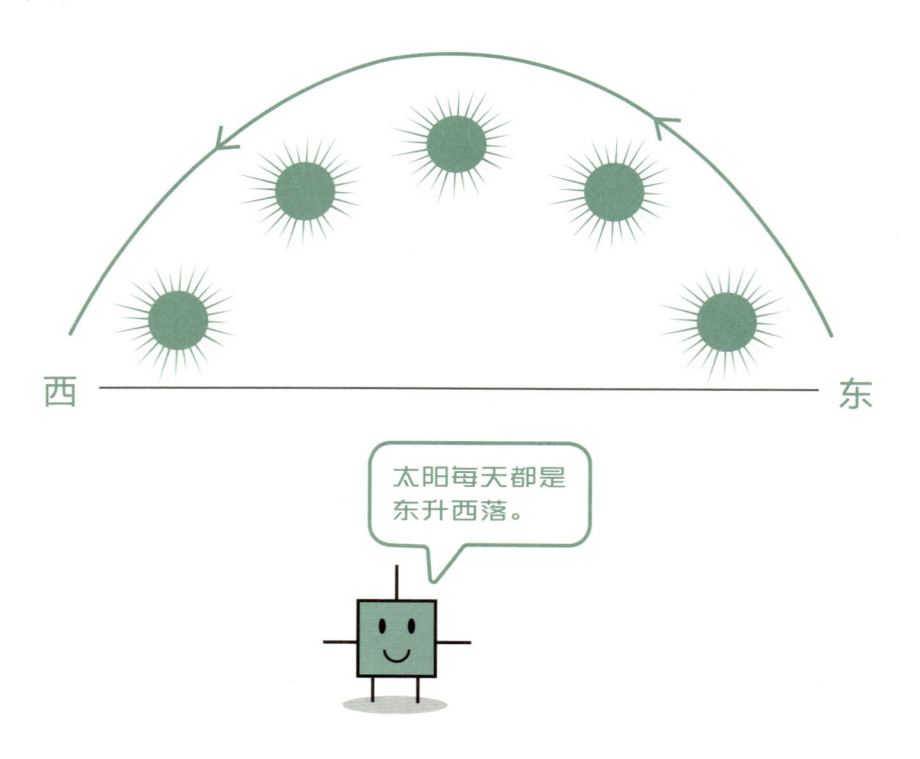

西 ———————————————— 东

太阳每天都是东升西落。

作出假设——提出现象可能的原因

📑 例子 2

> 太阳为什么东升西落?

这个问题是想知道太阳位置的变化是怎么回事,是要对现象进行解释。如果不知道这个问题的答案,就要对现象产生的原因作出假设。

比如,学生的假设是这样的:

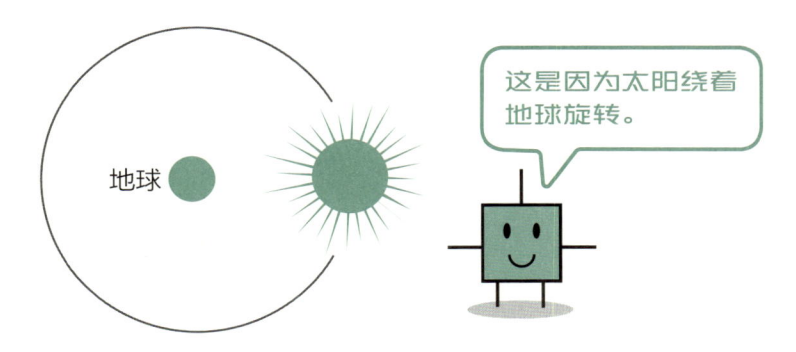

> 这是因为太阳绕着地球旋转。

也就是说,我们的判断是:

> 一天中太阳的位置如何变化?

不需要作出假设

> 太阳为什么东升西落?

需要作出假设

为什么这样判断?因为……

💡 什么是假设 -1

假设不是对自然现象的描述,
而是对自然现象提出的假定的解释。

像科学家一样思考：怎么做？怎么教？

再看几个例子。

例子 3

把一个纸团紧紧塞在杯子底部，倒过来，竖直放到水里。

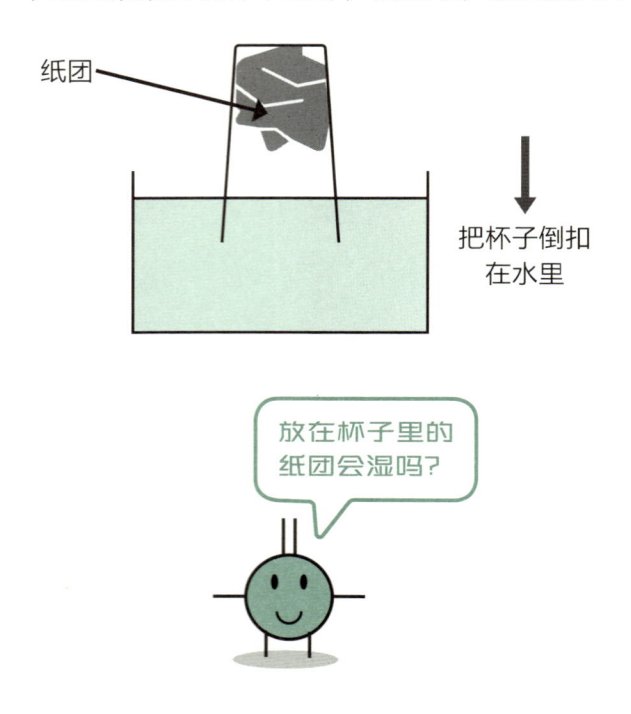

纸团

把杯子倒扣在水里

放在杯子里的纸团会湿吗？

这个问题是在问实验会出现什么样的结果。

纸团不会湿！

这个问题的回答，是对实验结果的预测，不是假设。

例子 4

> 为什么纸团没有变湿？

这个问题是想知道纸团没有变湿的原因，是要对这个现象作出解释。回答这个问题，就需要作出假设。

> 因为空气占据了杯子的空间，水进不来！

空气

也就是说，我们的判断是：

> 放在杯子里的纸团会湿吗？

不需要作出假设

> 为什么纸团没有变湿？

需要作出假设

这样判断，是因为……

什么是假设 -2

假设不是对实验结果的预测，而是对现象提出的假定的解释。

刚刚，我们了解了什么是假设，什么不是假设。现在能回答一开始提的问题了吗？

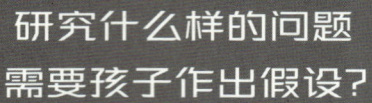

研究什么样的问题需要孩子作出假设？

我们的回答是：当研究问题是要对现象作出解释，搞清楚现象成因时。

这个现象是什么原因造成的？

哪些因素造成了这样的结果？

假设是对现象提出的假定的解释。

知道了这些，咱们就不会在每次提出问题时都让孩子作出假设了！

作出假设——提出现象可能的原因

比如：

雪花是什么样子的？
你们观察到了什么？

雪花形成的原因是什么？
你们的假设是什么？

再比如：

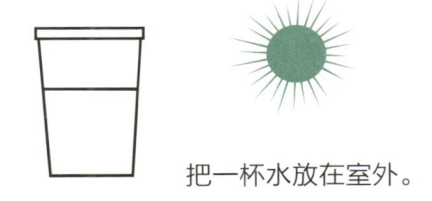

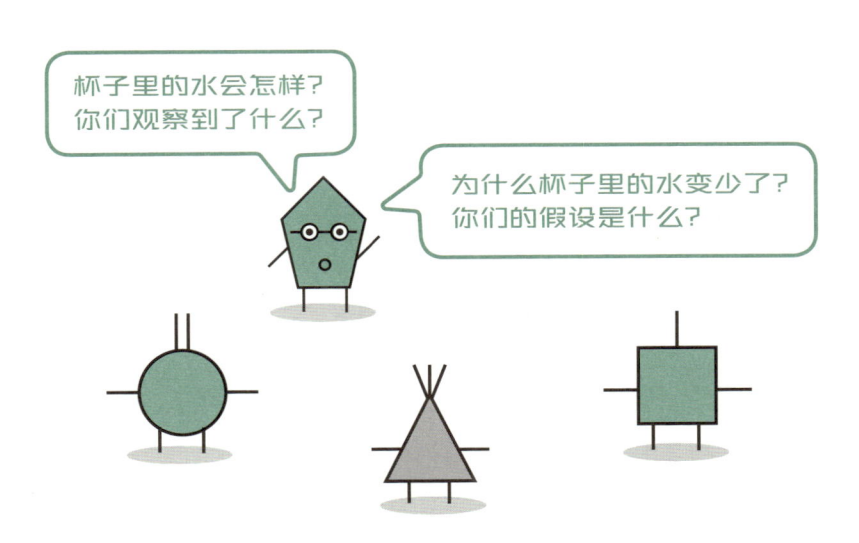

把一杯水放在室外。

杯子里的水会怎样？
你们观察到了什么？

为什么杯子里的水变少了？
你们的假设是什么？

像科学家一样思考：怎么做？怎么教？

评论区

孩子：没错！"蚂蚁长什么样？""蜗牛怎么移动？"我怎么"假设"得出来？必须看到了才能说呀。

老师：被说中了！我以为孩子的回答就是"假设"，原来只有对现象的解释才是。怪不得有时让孩子作假设时，感觉他们的回答怪怪的。

你的思考

5

"这个线索，启发我作出假设……"
——作出假设的线索

上回，咱们知道了假设是对现象提出的假定的解释。当研究问题是要解释现象时，才需要作出假设。

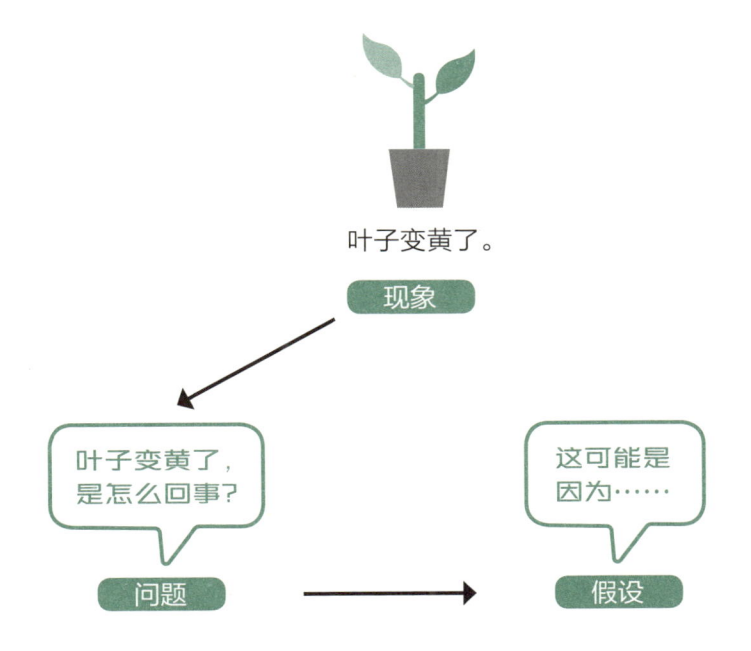

叶子变黄了。
现象

叶子变黄了，是怎么回事？
问题

这可能是因为……
假设

知道了这个，课上可以在探究解释现象类问题时让孩子作出假设。如何作出假设呢？来看看下面这节课。

像科学家一样思考：怎么做？怎么教？

💭 课堂

> 叶子变黄了，是怎么回事？

> 那个……

> 书上说是因为温度变低了。

> 老师讲吧！

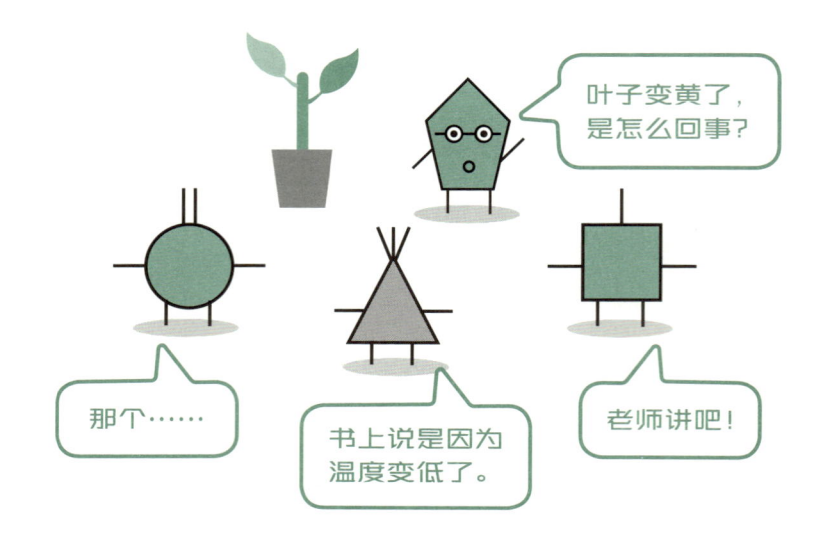

孩子们要么等老师讲，要么找书上的答案，他们自己提不出假设来。为什么会这样？因为我们从来不教孩子从哪里找线索来提出假设！

💡 只有教孩子怎么提出假设，他们才能更好地作出假设。

那么，问题来了：

怎么教孩子自己作出假设？

> 一块儿琢磨下！

作出假设——提出现象可能的原因

要回答这个问题,我们得知道假设是怎么想出来的。

? 假设是怎么想出来的?

为了解释自然现象,搞懂为什么会是这样,科学家经常要作出假设。

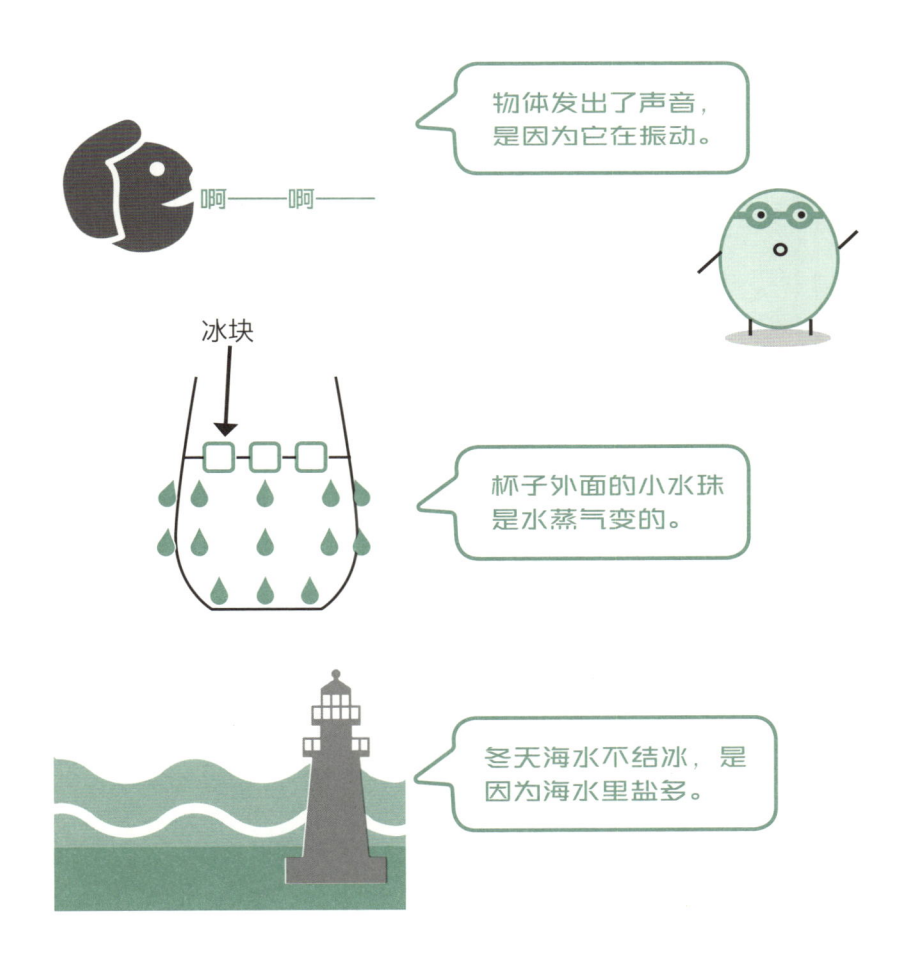

啊——啊——

物体发出了声音,是因为它在振动。

冰块

杯子外面的小水珠是水蒸气变的。

冬天海水不结冰,是因为海水里盐多。

科学家是怎么想出这些假设来的呢?
一块儿看几个例子。

像科学家一样思考：怎么做？怎么教？

⭐ 例子 1

> **现象**

物体发出了声音。

> **问题**

声音是如何产生的？

仔细观察发声的物体，发现了一些线索。

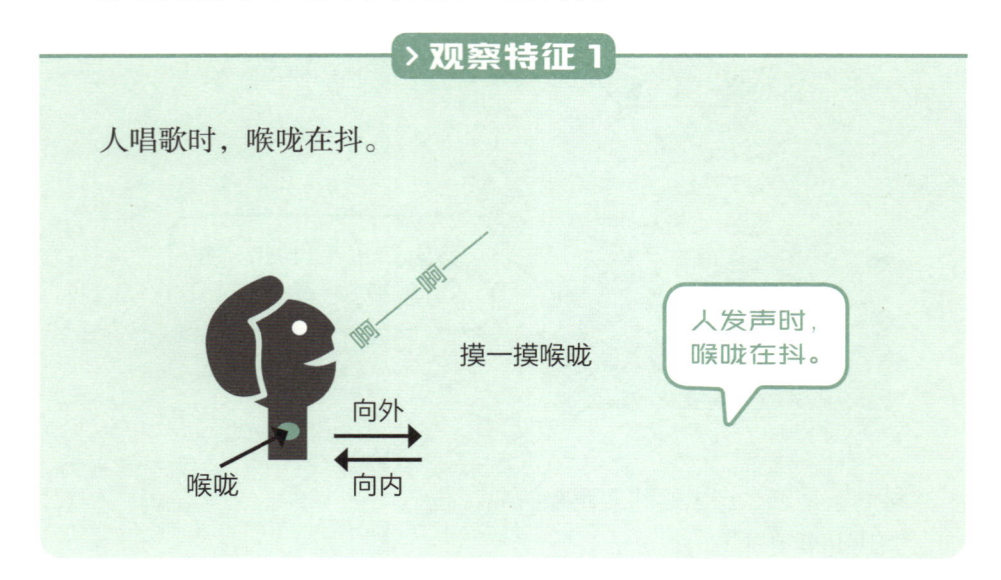

> **观察特征 1**

人唱歌时，喉咙在抖。

摸一摸喉咙

人发声时，喉咙在抖。

向外
向内

喉咙

作出假设——提出现象可能的原因

> 观察特征 2

弹拨钢尺时,它在抖。

① 压
② 弹
钢尺

向上 向下
看一看

发声时,钢尺在抖。

> 假设

"抖"是物体发声的原因。

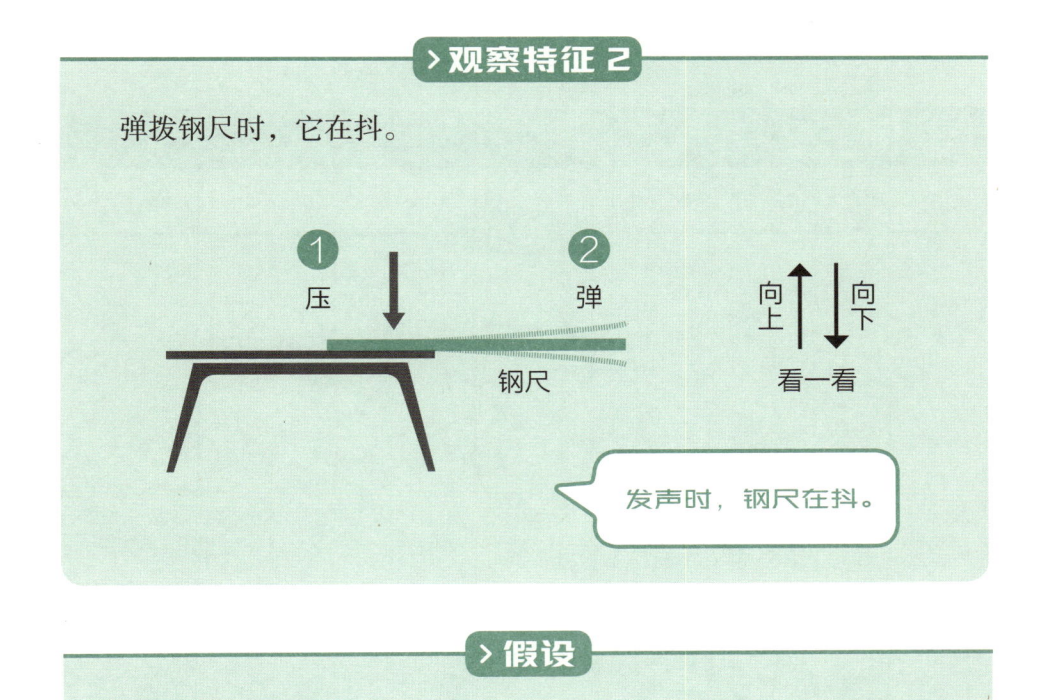

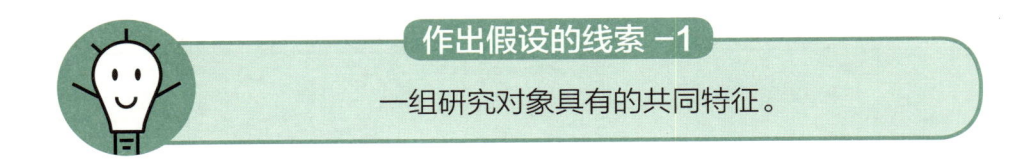

看出来了吗?科学家是在观察了发声物体的共同特征后提出的假设。

作出假设的线索 -1

一组研究对象具有的共同特征。

再看一个例子。

例子 2

> 现象

冰块
水 → 　　 ← 小水珠

杯子外面有小水珠。

> 问题

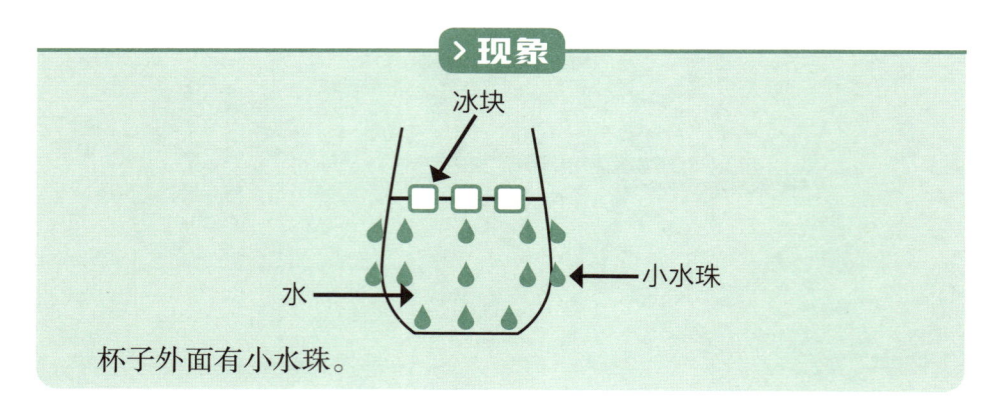

杯子外面的水珠是从哪儿来的？

生活中有一些类似的经验，联想这些经验让科学家提出一些假设。

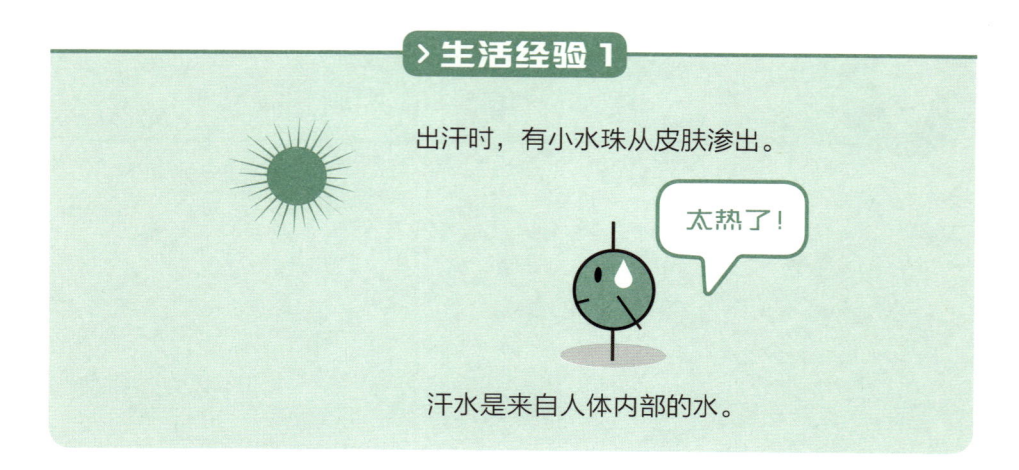

> 生活经验 1

出汗时，有小水珠从皮肤渗出。

太热了！

汗水是来自人体内部的水。

作出假设——提出现象可能的原因

> 假设 1

水珠是从杯子里渗出来的。

> 生活经验 2

对着窗户哈气,有小水珠。

哈——

小水珠是哈气里的水分。

> 假设 2

水珠是空气中的水蒸气变的。

很明显,这些是科学家受相关生活经验的启发提出的假设。

> 作出假设的线索 -2

与研究对象相似的生活经验。

像科学家一样思考：怎么做？怎么教？

这儿还有一个例子。

例子3

> 现象

河水结冰了，海水没有结冰。

> 问题

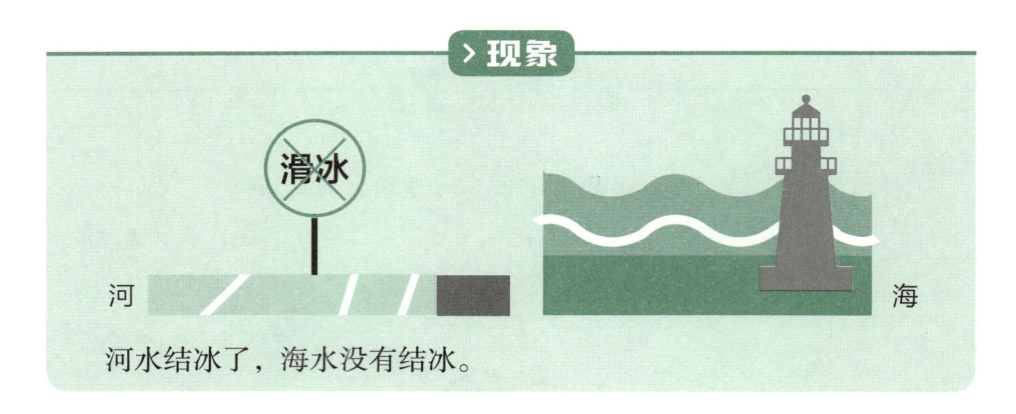

这个差别是什么原因造成的？

科学家观察研究对象的特征，提出一个假设。

> 观察特征

海上经常风大浪高，而河面风小。

> 假设1

海面风太大，海水结不成冰。

科学家联想相关的生活经验，也提出一个假设。

> **联想生活经验**

夏天河水不结冰，在南方河水冬天也不结冰。

> **假设 2**

海边温度高，海水结不成冰。

另外，科学家在研究海水与河水的不同之处后，又提出一个假设。

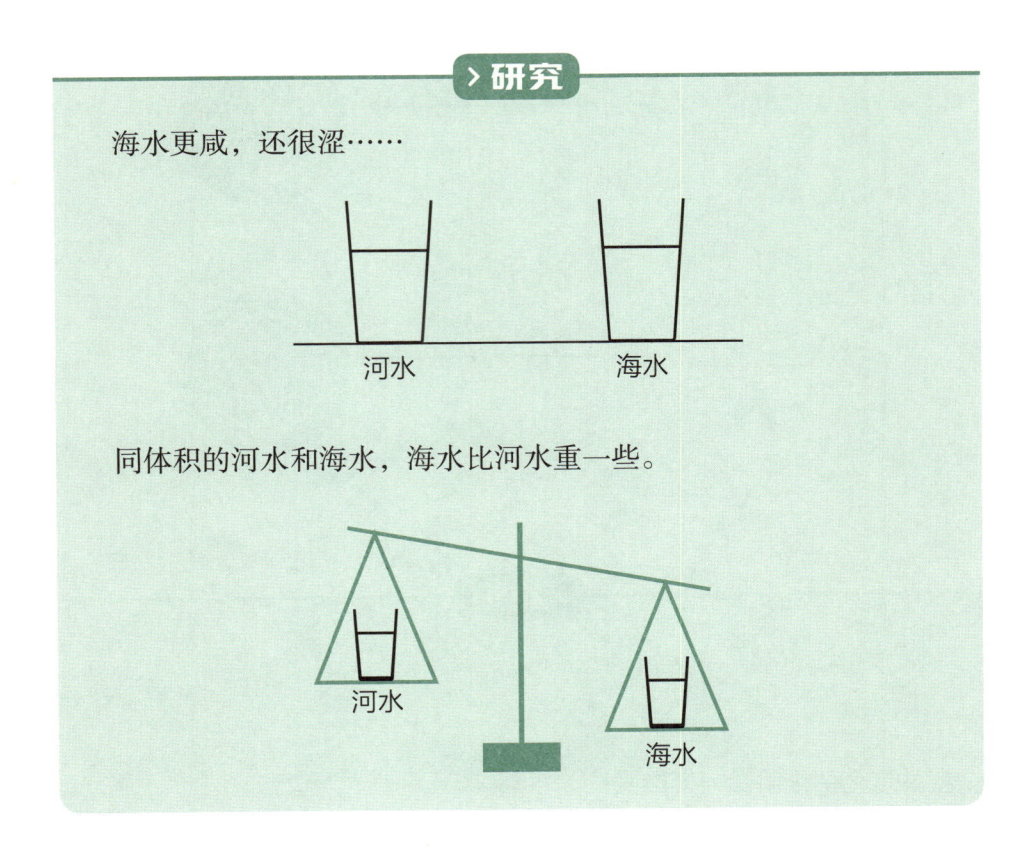

> **研究**

海水更咸，还很涩……

河水　　海水

同体积的河水和海水，海水比河水重一些。

河水　　海水

像科学家一样思考：怎么做？怎么教？

> 提问

海水里有什么，让它比河水更重更咸？

> 实验

海水 → 蒸干 → 从上看瓶底

河水 → 蒸干 → 从上看瓶底

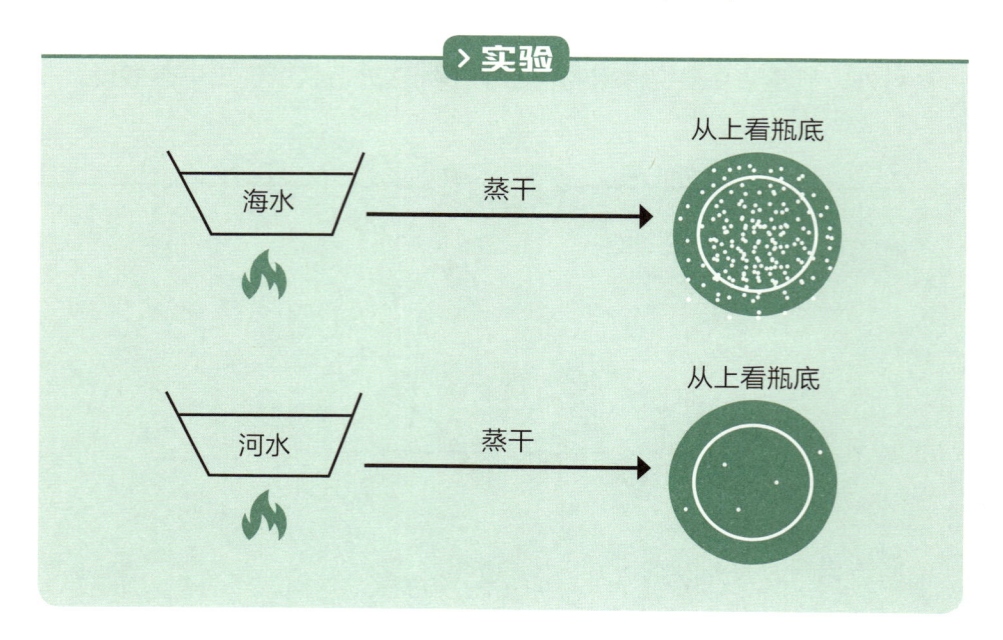

> 结论

海水里盐更多。

从这个结论出发，提出假设。

作出假设——提出现象可能的原因

> 假设 3

海水里盐多，结不成冰。

注意到了吗？这是做了一个研究，科学家受到研究结论的启发后提出了假设。

作出假设的线索 -3

针对研究对象进行的研究及相应结论。

其中发现的这些线索，就是科学家作出假设的依据。

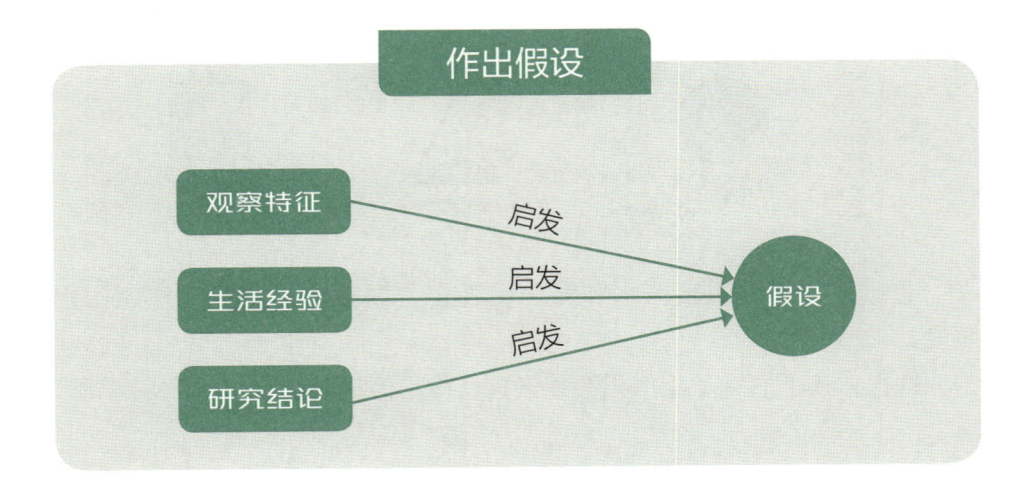

作出假设

观察特征 —启发→ 假设
生活经验 —启发→ 假设
研究结论 —启发→ 假设

那么，问题又来了：怎么教孩子作出假设？

? 怎么教孩子作出假设？

教法不能凭空想出来，还是去看看老师们的课是怎么上的。

像科学家一样思考：怎么做？怎么教？

课堂 1

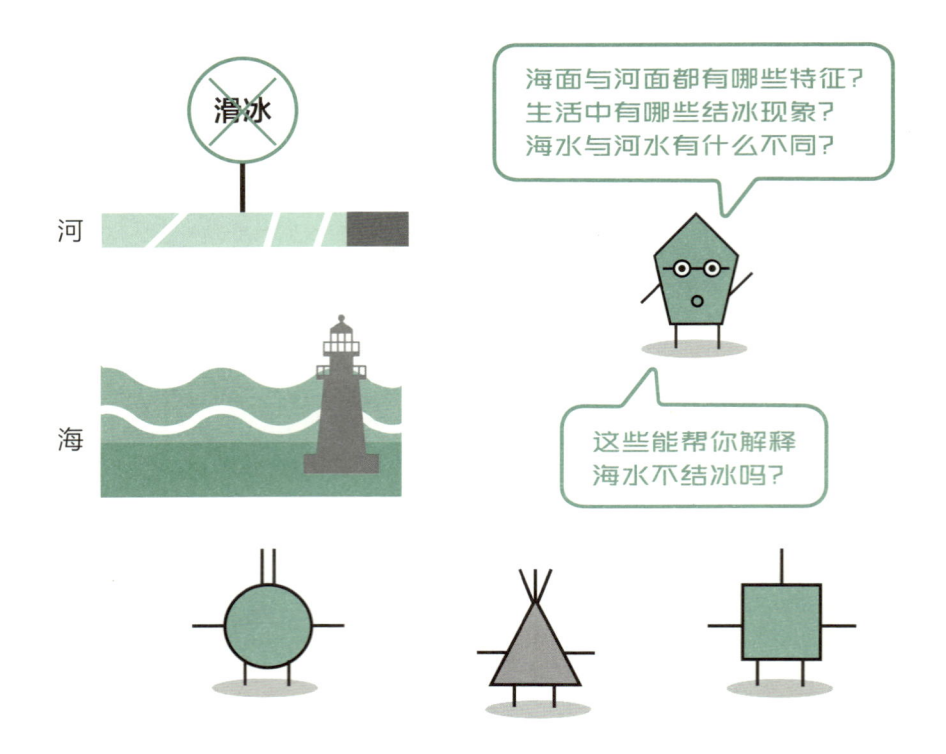

滑冰

河

海

海面与河面都有哪些特征？
生活中有哪些结冰现象？
海水与河水有什么不同？

这些能帮你解释
海水不结冰吗？

老师让孩子们观察河水和海水的特征，联系生活经验，从而作出假设。

这样，孩子们有了根据相关线索自己作出假设的机会。

基础教法 —— 支持帮助 —— 引导孩子们寻找相关线索，启发他们作出假设。

当孩子们有了一定的经验后，我们还希望他们能意识到去哪里找线索来作出假设。

怎么做呢？再来看一节课。

作出假设——提出现象可能的原因

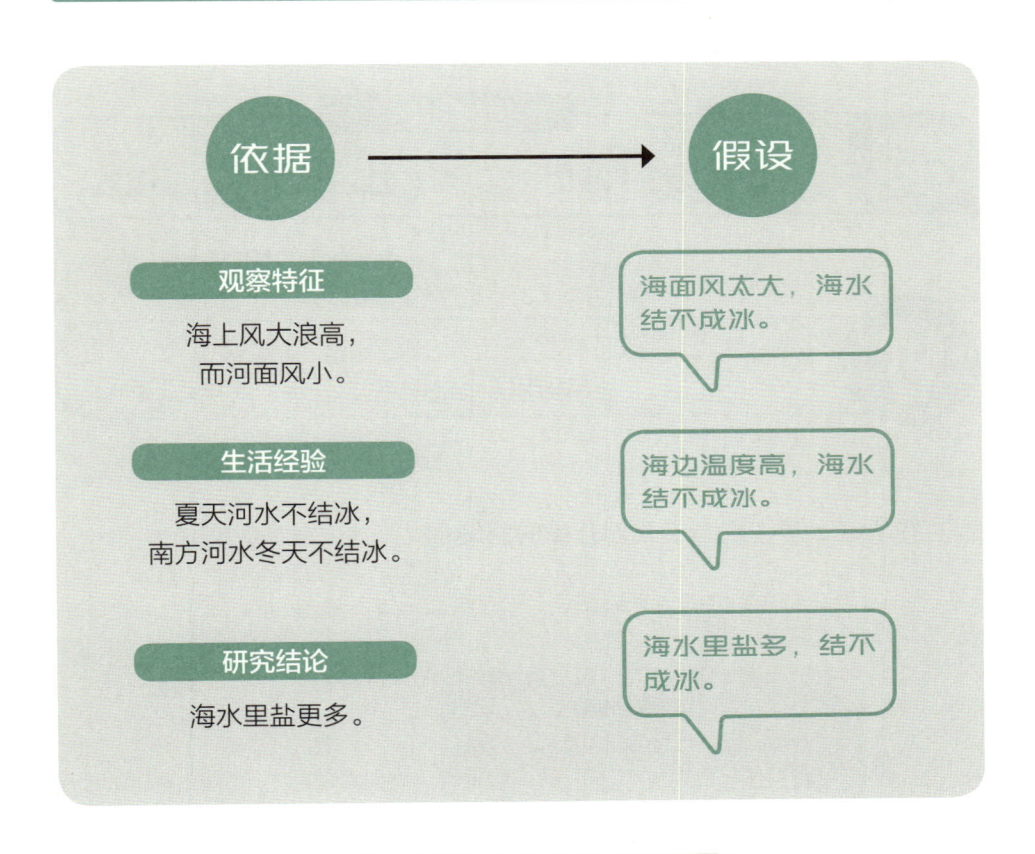

课堂 2

依据 → 假设

观察特征
海上风大浪高，而河面风小。

→ 海面风太大，海水结不成冰。

生活经验
夏天河水不结冰，南方河水冬天不结冰。

→ 海边温度高，海水结不成冰。

研究结论
海水里盐更多。

→ 海水里盐多，结不成冰。

我们作出了几个假设，这些假设是怎么想出来的？

像科学家一样思考：怎么做？怎么教？

老师把作出假设的线索摆出来，带着孩子们回顾作出假设的过程。这样，下次作假设时，孩子们就知道去哪里找线索。

进阶教法 — 回顾提炼

让孩子们看到假设的来源，带着他们提炼怎么作出假设。

要在孩子有了一定作出假设的经验之后，再用这个进阶教法。

看了这么多，别忘了我们开始的问题：

怎么教孩子自己作出假设？

总结一下我们的回答。

作出假设——提出现象可能的原因

? 假设是怎么想出来的?

从上述例子里，我们找到了作出假设的三条线索。

线索-1
一组**研究对象**具有的共同特征。

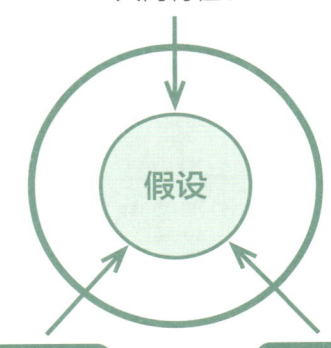

假设

线索-2
与**研究对象**相似的生活经验。

线索-3
针对**研究对象**进行的研究及相应结论。

? 怎么教孩子作出假设?

基础教法

支持帮助
引导孩子们寻找相关线索，启发他们作出假设。

孩子有一定经验之后

进阶教法

回顾提炼
让孩子们看到假设的来源，带着他们提炼怎么作出假设。

065

像科学家一样思考：怎么做？怎么教？

了解了怎么教孩子作出假设，我们回过头来看本节开始那个教学片段。

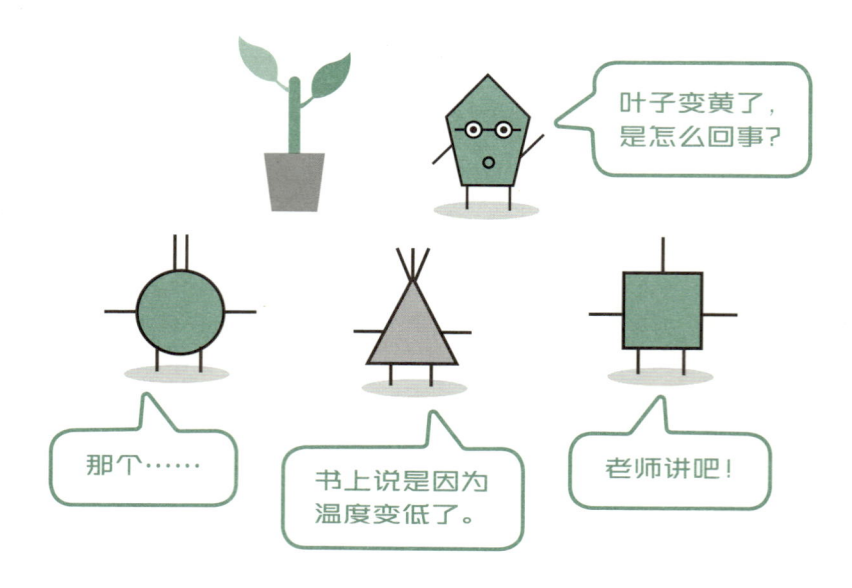

叶子变黄了，是怎么回事？

那个……

书上说是因为温度变低了。

老师讲吧！

若孩子提不出假设来，老师可以这样做：

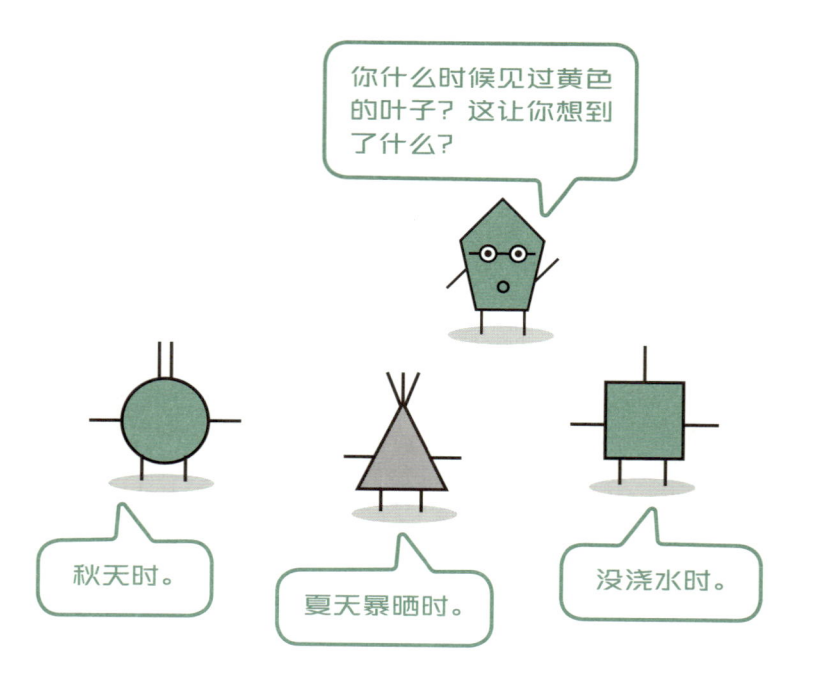

你什么时候见过黄色的叶子？这让你想到了什么？

秋天时。

夏天暴晒时。

没浇水时。

依据 ⟶ 假设

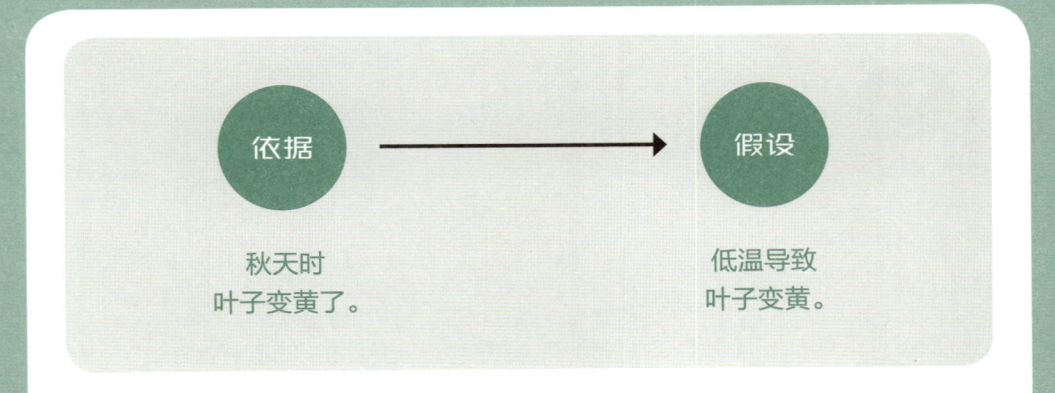

秋天时叶子变黄了。　　低温导致叶子变黄。

这样，孩子经历了作出假设的过程，同时也能看到假设是怎么提出来的。

时间久了，当孩子拿到一个新问题，就能自己提出假设了。

空想提不出假设，一块儿去找线索！

像科学家一样思考：怎么做？怎么教？

评论区

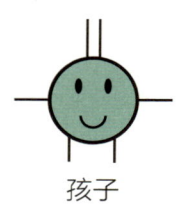

孩子： 老师总让我们大胆假设，可我们不知道往哪儿去想，胆子再大也没用呀！原来，作假设和破案一样，都是要找线索！

老师： 这样教，我能把孩子们的经验和知识调动起来。孩子们能提出假设来，我再也不会看到他们一脸茫然了。

你的思考

_____

_____

_____

作出假设——提出现象可能的原因

教学脚手架

🔧 让孩子提出假设
- 这个现象，你觉得是怎么回事？
- 你的回答是什么？为什么这么觉得？

🔧 引导孩子找线索
- 关于这个现象，你有哪些相关的经验？这些经验让你想到了什么？
- 要解释这个现象，你学过哪些相关知识？它们能帮助你解释这个现象吗？

🔧 学习单 / 板书中的作出假设

依据 ···≫ 假设

×××　　　　　　　　　　　　　　　　×××

误解与澄清

❌ **假设是不确定对错的回答。**

很多老师给学生一个问题后会让学生提出自己的假设，做一个实验之前会让学生假设实验中会观察到什么。这些老师觉得假设就是对某个问题的回答，只要还不确定这个回答对不对，就把它叫作假设。事实上，这是不对的，是对假设这个词的误解。在科学中，假设特指对现象提出的解释，这个解释有待证据的检验。

❌ **假设是凭空想出来的。**

很多老师在让学生解释一个现象时，会让学生发挥自己的想象力，大胆提出自己的假设。这些老师觉得假设是靠想象力提出来的。事实上，作出假设虽然需要一定的想象力，但不是凭空想象出来的。在作出假设时，科学家需要借助一定的线索，这些线索是作出假设的依据。

作出假设——提出现象可能的原因

学完这一部分，你有什么新认识、新问题？
写下来，分享给更多人，我们一起来探讨。

进行实验
——检验作出的假设

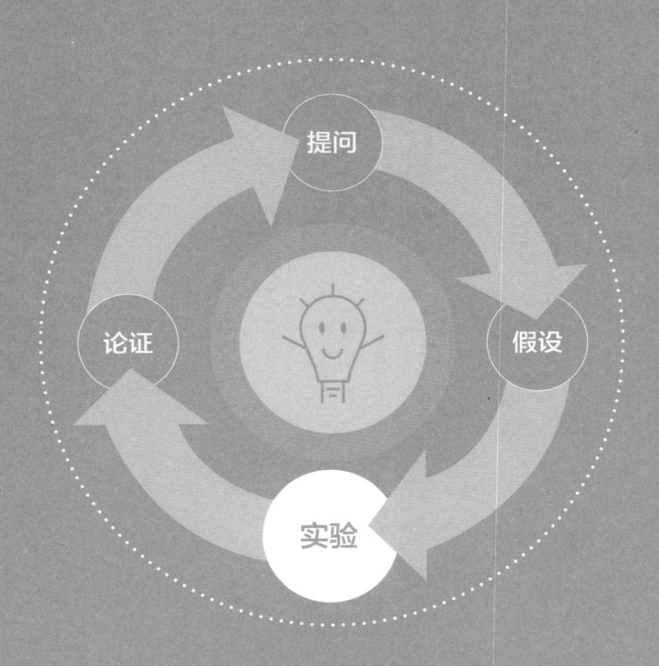

提问

假设

实验

论证

6 "实验方案，我是这么想出来的……"
——设计实验

前面，咱们聊到怎么教孩子像科学家一样作出假设。

前情提要
1. 什么时候让孩子提出假设？
2. 怎么教孩子自己作出假设？

孩子作出了各种假设，但不知道自己的假设对不对。怎么让他们知道呢？

来看看这位老师是怎么做的。

假设	叶子变黄了，是因为温度降低。
步骤	第1步 → 第2步 → 第3步
材料	××× ××× ×××

进行实验——检验作出的假设

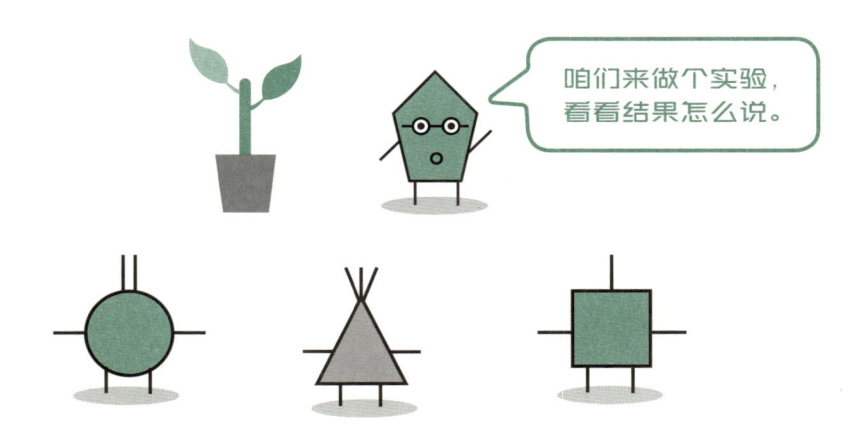

咱们来做个实验，看看结果怎么说。

老师让孩子按步骤做实验，检验假设。这样，孩子能得到"正确"的结果，验证作出的假设是正确的。

可是，孩子只是"操作"了一遍实验，不会理解为什么这么做实验检验假设，更不用说自己设计实验。

讲解步骤　　　　　动手操作

只是按步骤操作，孩子是学不会如何设计实验的。

像科学家一样思考：怎么做？怎么教？

那么，问题来了：

怎么教孩子
自己设计实验？

一块儿琢磨下！

要回答这个问题，咱们先来搞清楚科学家是怎么设计实验方案的。

? 设计实验时，要考虑哪些问题？

为了检验提出的假设，科学家们通常会做好多实验。

植物的生长与阳光有关吗？

进行实验——检验作出的假设

科学家是怎么设计出这些实验来的呢？我们通过一个例子来了解一下。

📋 例子

> 假设

阳光影响植物生长。

要检验这个假设，得明确用什么特征来表示植物的生长状况。可能的特征有很多：

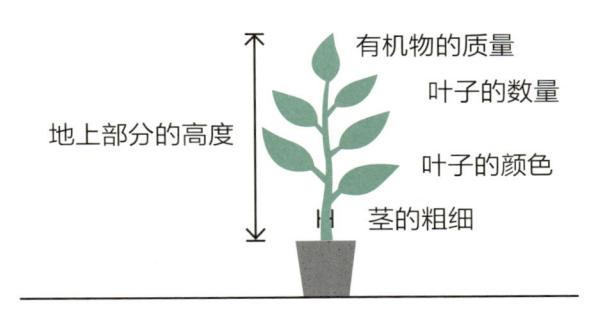

- 有机物的质量
- 叶子的数量
- 地上部分的高度
- 叶子的颜色
- 茎的粗细

用什么特征来表示，可能要选一选。

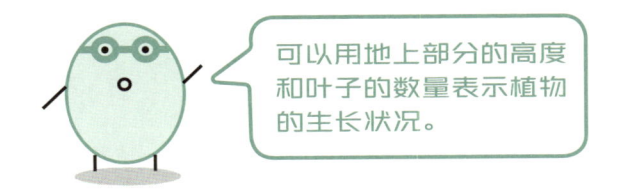

> 可以用地上部分的高度和叶子的数量表示植物的生长状况。

看来在设计实验时，科学家首先会选择研究哪些变量。

💡 **这样设计实验 -1**
思考选择研究哪些变量来检验这个假设。

077

像科学家一样思考：怎么做？怎么教？

选定了要研究的变量，接下来就要比较两种条件下植物的生长状况。

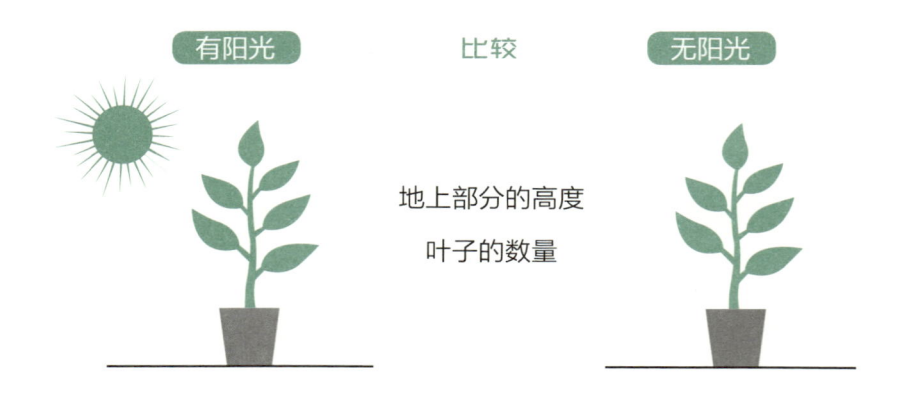

有阳光　　　　　比较　　　　　无阳光

地上部分的高度
叶子的数量

可以用不止一种办法来创造有阳光和无阳光的条件。

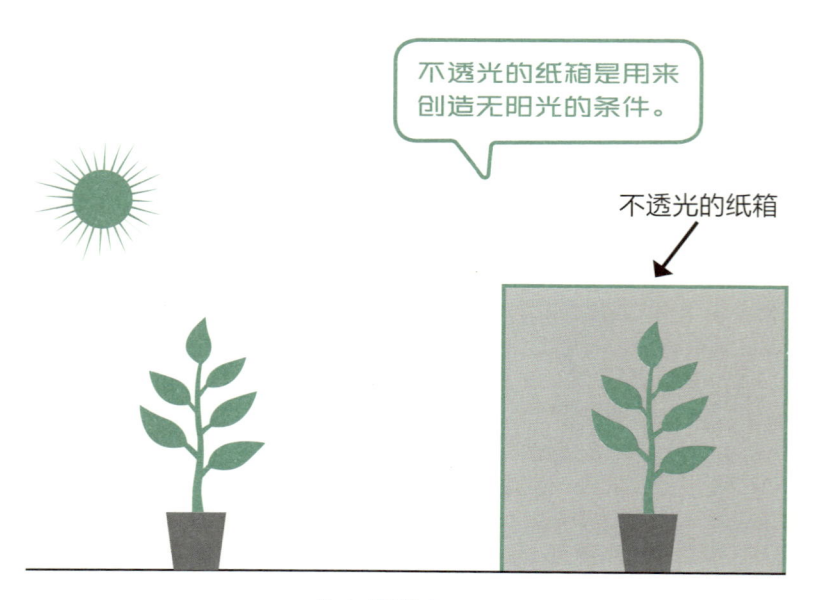

不透光的纸箱是用来创造无阳光的条件。

不透光的纸箱

放在操场上

078

进行实验——检验作出的假设

一株植物上方箱子开口，让阳光照进来，创造有阳光的条件。

不透光的纸箱

放在操场上

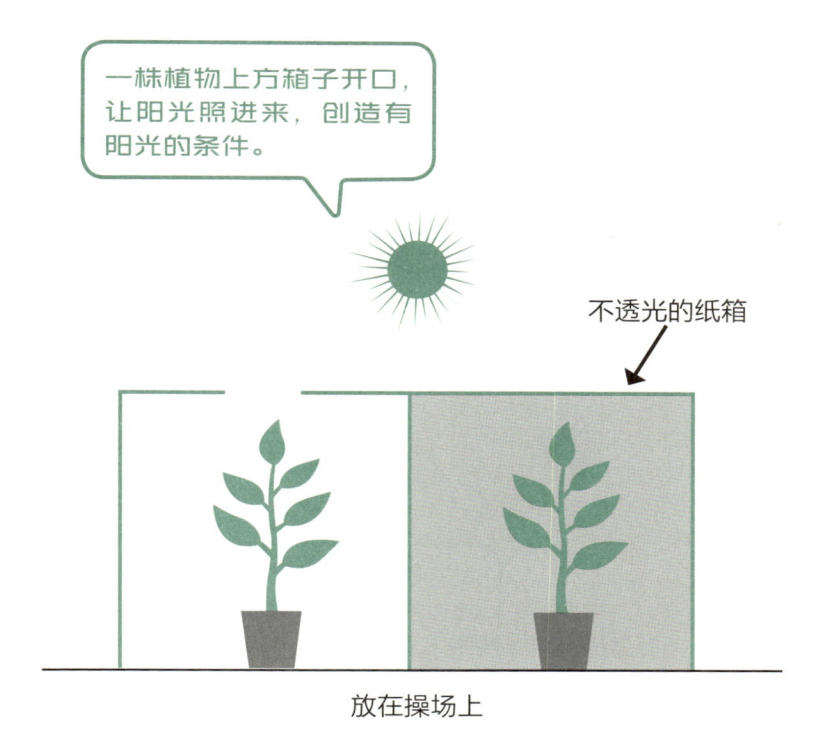

看来，在设计实验时，科学家还要想办法创造实验条件。

这样设计实验 -2
思考怎么创设实验条件来检验这个假设。

像科学家一样思考：怎么做？怎么教？

除了阳光以外，植物的生长可能还会受到其他因素的影响。

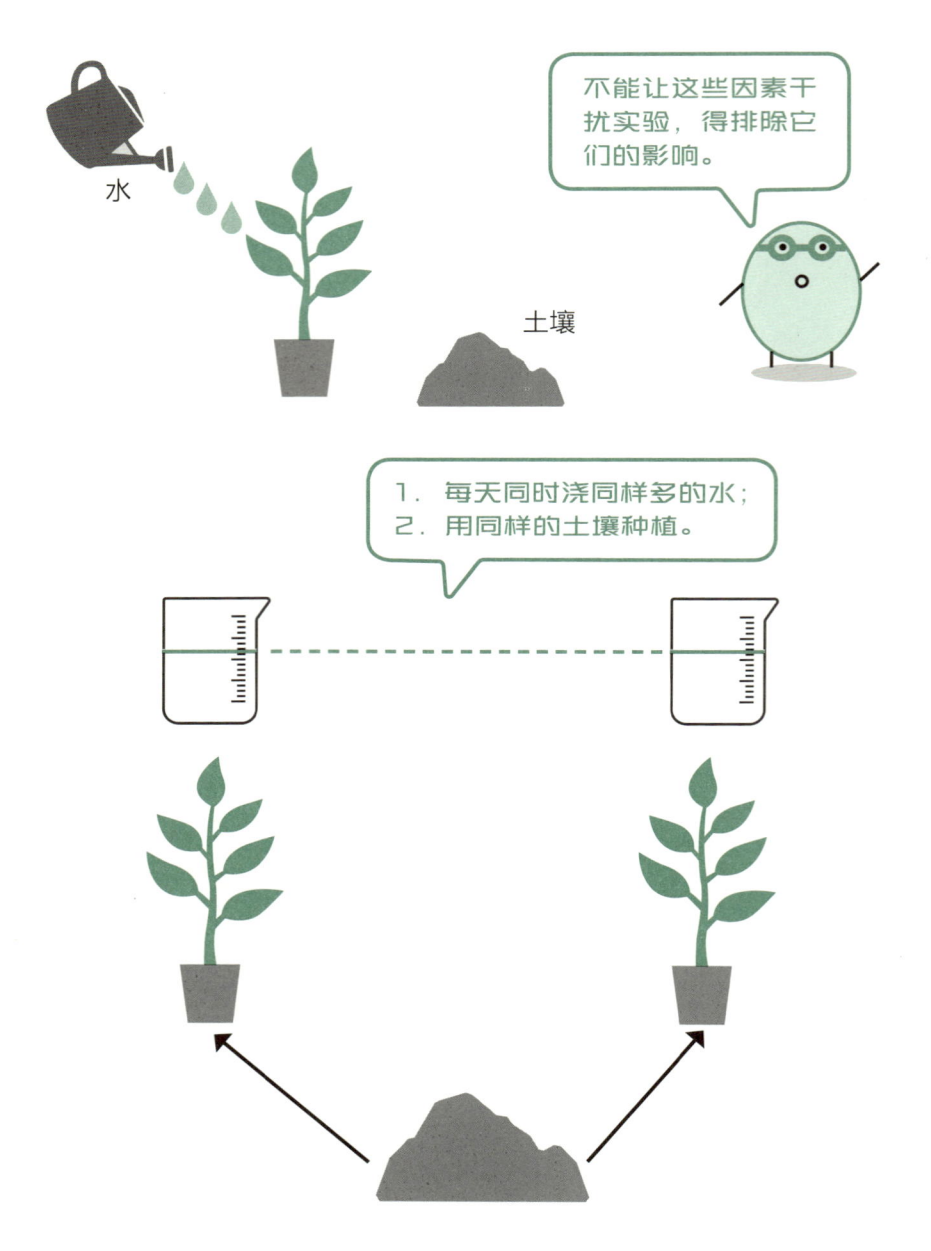

水

土壤

不能让这些因素干扰实验，得排除它们的影响。

1. 每天同时浇同样多的水；
2. 用同样的土壤种植。

看来，在设计实验时，科学家还要排除干扰因素，想办法确保这些因素在各组实验中保持一致。

进行实验——检验作出的假设

这样设计实验 -3

思考控制哪些变量，怎么控制这些变量。

从这个例子咱们知道了，科学家在设计实验时要考虑一系列问题：

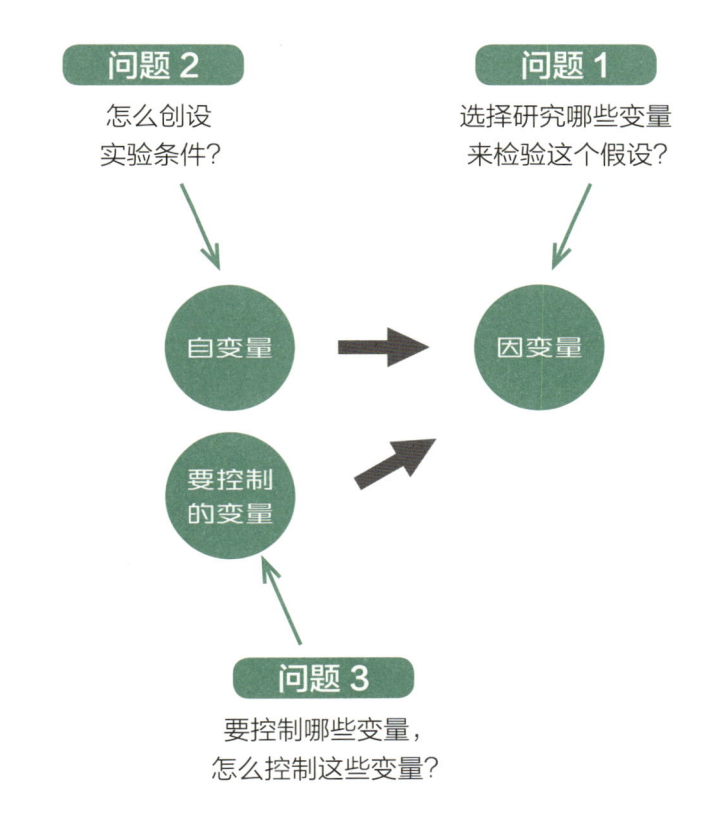

问题 2
怎么创设实验条件？
↓
自变量 → 因变量
↑
要控制的变量
↑
问题 1
选择研究哪些变量来检验这个假设？

问题 3
要控制哪些变量，怎么控制这些变量？

知道了科学家如何设计实验，问题又来了：怎么教孩子设计实验？

? 怎么教孩子设计实验？

咱们还是从课堂片段中总结几个教法出来！

像科学家一样思考：怎么做？怎么教？

🖳 课堂1

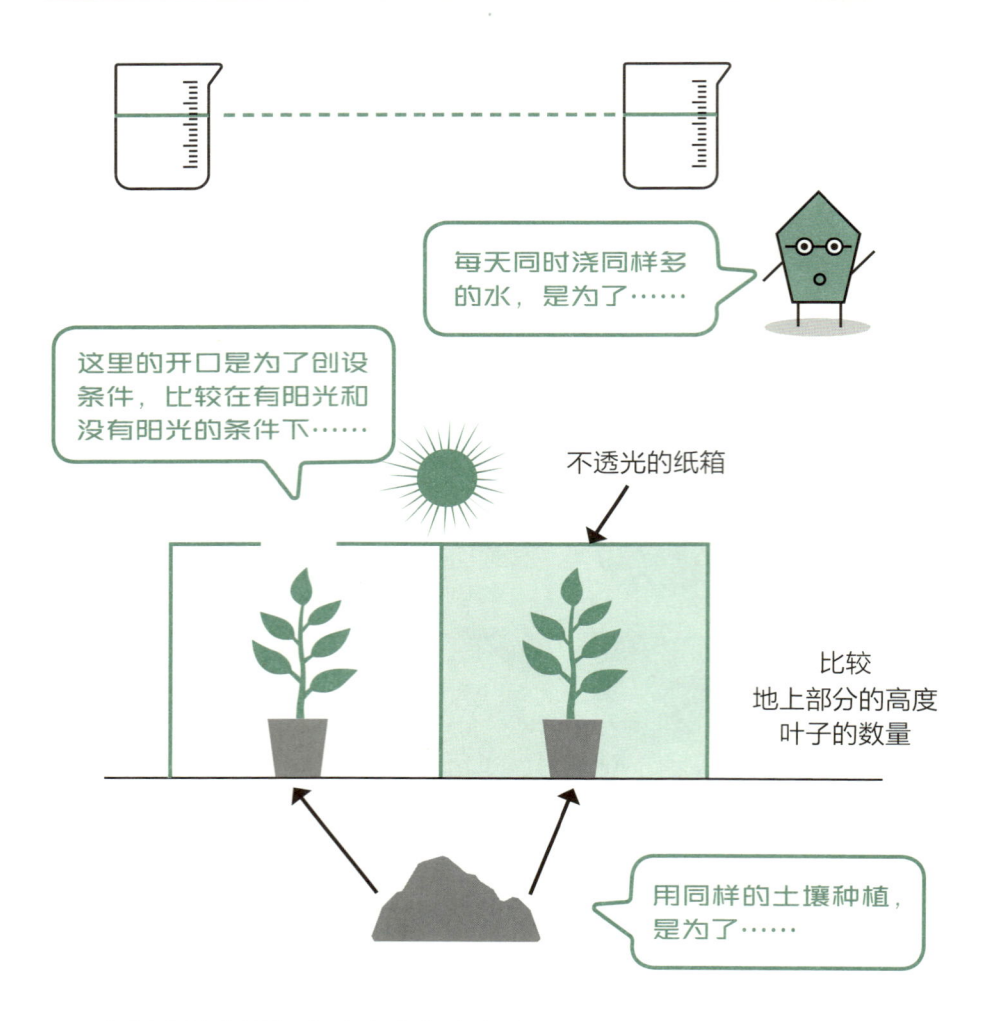

每天同时浇同样多的水，是为了……

这里的开口是为了创设条件，比较在有阳光和没有阳光的条件下……

不透光的纸箱

比较
地上部分的高度
叶子的数量

用同样的土壤种植，是为了……

老师这是在讲解实验方案每个部分的设置目的。

这样，孩子不是简单地照着步骤操作，而是能明白实验为什么这样设计。

基础教法 ｜ 讲解示范

讲解实验方案为什么这样设计。

082

可是，明白了实验为什么要这样做，孩子还是没有经历设计实验的过程。怎么引导他们自己设计实验呢？

再来看看下面一节课。

课堂 2

> 假设

植物长得好，是因为有阳光。

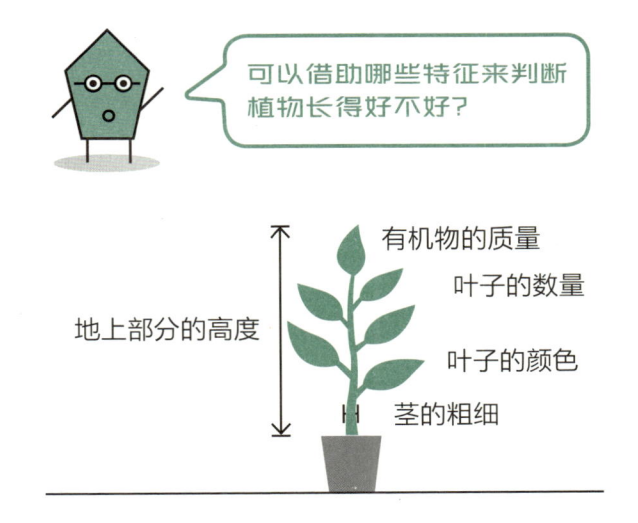

可以借助哪些特征来判断植物长得好不好？

有机物的质量
叶子的数量
地上部分的高度
叶子的颜色
茎的粗细

像科学家一样思考：怎么做？怎么教？

哪些因素可能影响植物生长？怎么排除它们的干扰？

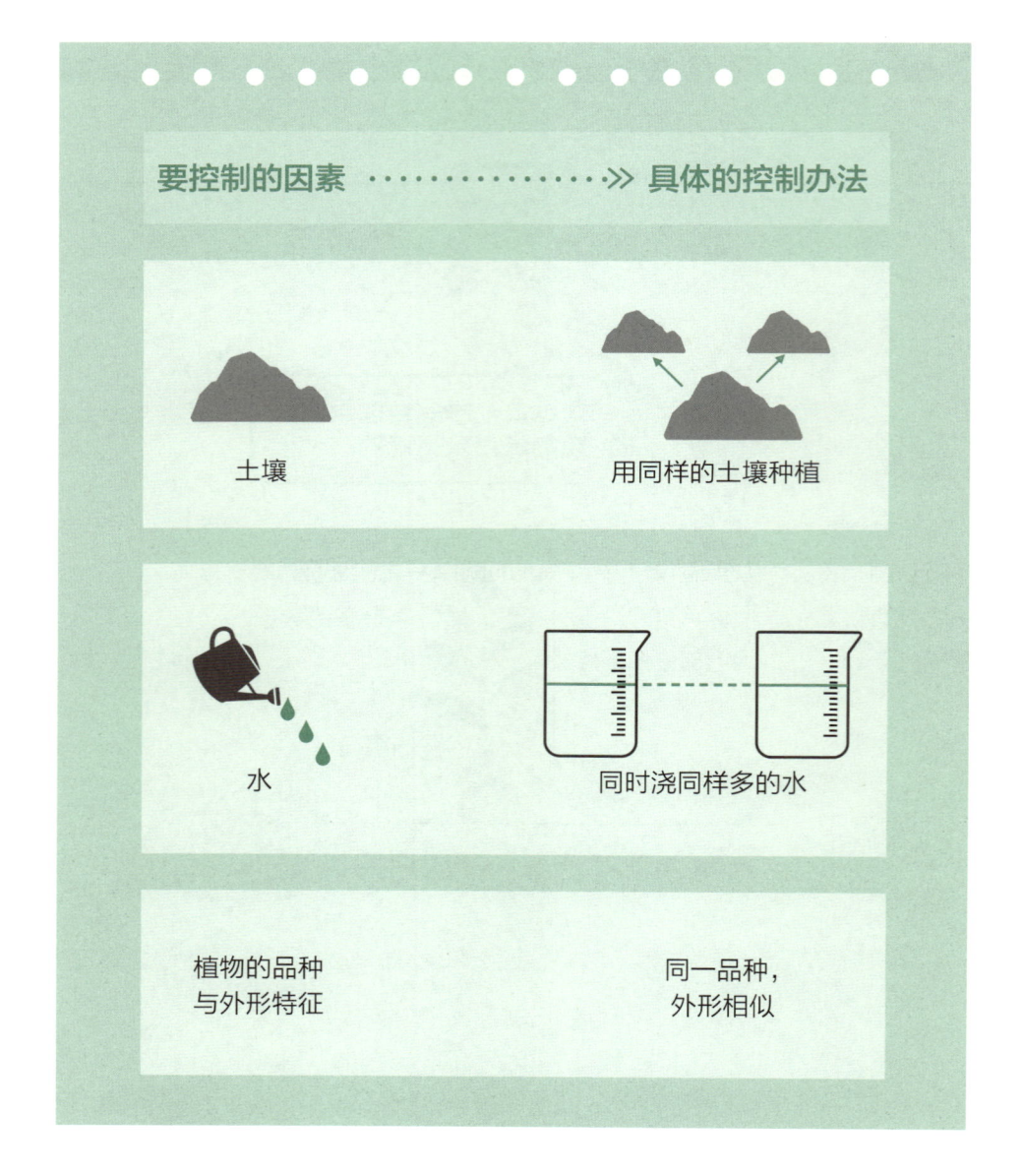

要控制的因素	具体的控制办法
土壤	用同样的土壤种植
水	同时浇同样多的水
植物的品种与外形特征	同一品种，外形相似

进行实验——检验作出的假设

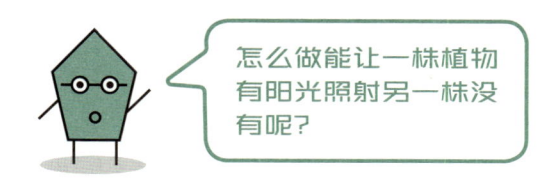

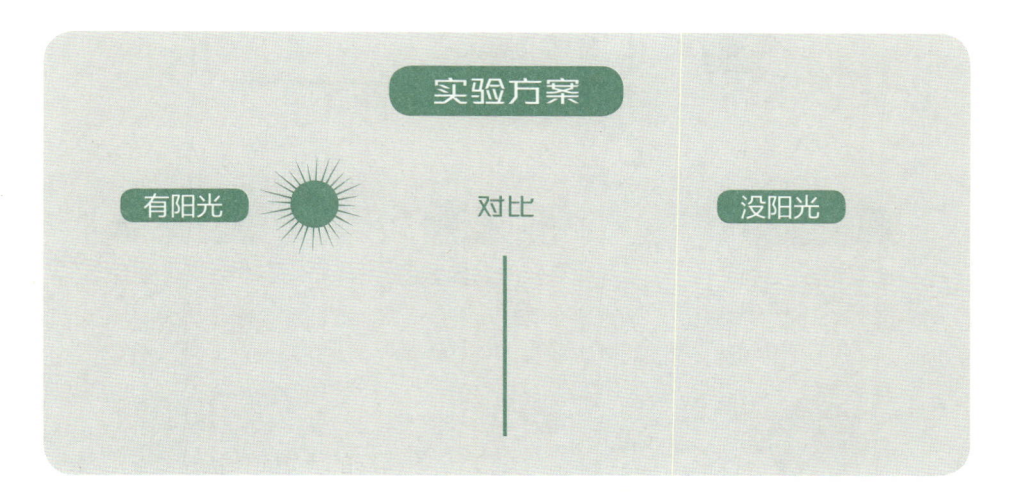

> 怎么做能让一株植物有阳光照射另一株没有呢?

实验方案

有阳光　　　对比　　　没阳光

　　这是让孩子考虑实验设计要解决的问题,一点点设计出方案来。

　　这样,孩子经历了实验设计的过程,思考了如何通过实验检验一个假设。

基础教法	支持帮助
	带孩子思考实验设计要解决的问题,得出实验方案。

　　当孩子有了一些实验设计的体验之后,我们希望他们能自己设计实验方案。

　　怎么教呢?再来看一节课。

像科学家一样思考：怎么做？怎么教？

课堂 3

> 咱们一起设计过好多个实验，设计过程中通常要考虑解决哪些问题呢？

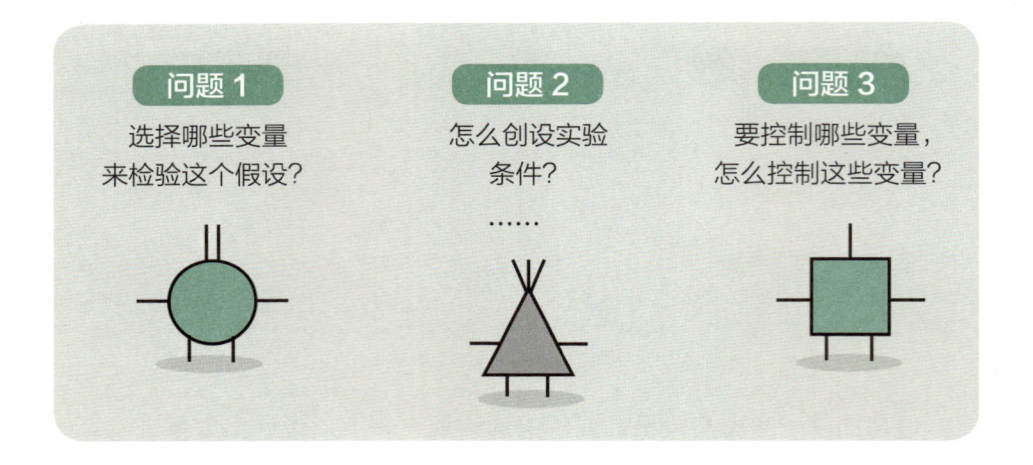

问题 1 选择哪些变量来检验这个假设？

问题 2 怎么创设实验条件？……

问题 3 要控制哪些变量，怎么控制这些变量？

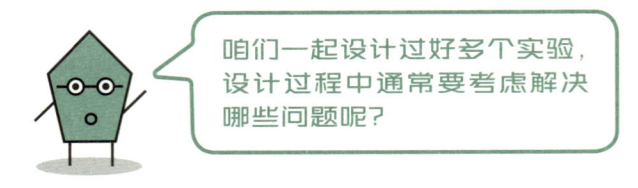

这是让孩子自己提炼实验设计中要考虑的问题。

这样，孩子能明确如何设计实验，以后就可以指导自己设计出实验方案。

进阶教法　**回顾提炼**
引导孩子回顾实验设计经验，提炼实验设计中要考虑的问题。

要在孩子有了一定实验设计的经验之后，再用这个进阶教法。

进行实验——检验作出的假设

看完了几个课堂片段，我们来回顾一下：还记得我们一开始提出的问题吗？

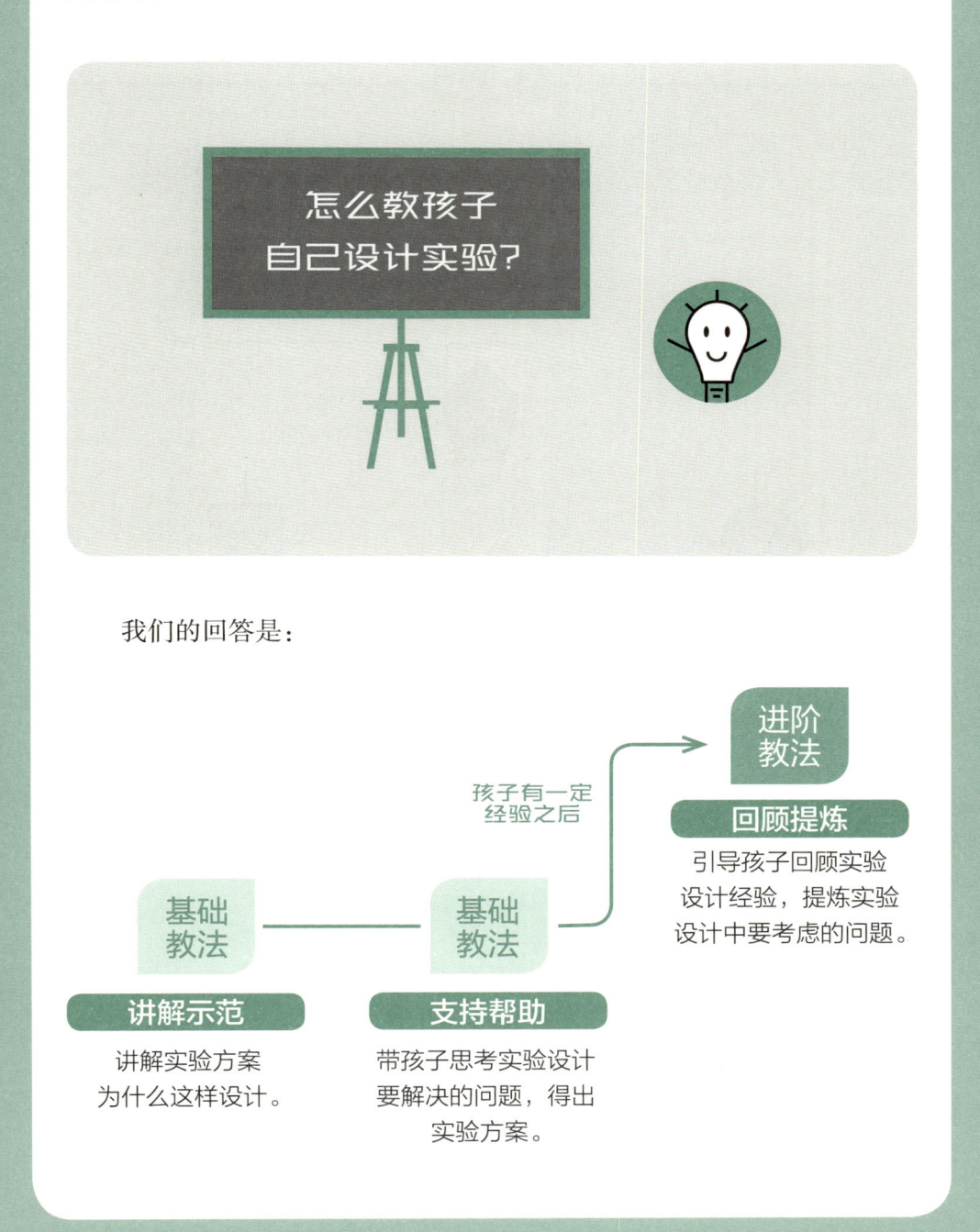

怎么教孩子自己设计实验？

我们的回答是：

基础教法 ——— **基础教法** （孩子有一定经验之后）→ **进阶教法**

讲解示范
讲解实验方案为什么这样设计。

支持帮助
带孩子思考实验设计要解决的问题，得出实验方案。

回顾提炼
引导孩子回顾实验设计经验，提炼实验设计中要考虑的问题。

掌握了这些，咱们再也不会只让孩子按实验步骤操作了，而是可以这样引导孩子：

> **假设**
>
> 叶子变黄了，是因为温度降低。

怎么知道这个假设对不对？
为什么这样设计实验方案？

可设计出了实验，是不是就等着做实验、得结论了？

没有那么简单！如果实验方案本身有缺陷，那得出的结论可能就是错的，需要评估并改进原来的实验。

怎么发现实验的缺陷并改进实验方案？

下回接着聊！

进行实验——检验作出的假设

评论区

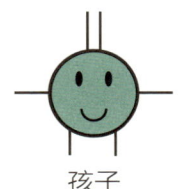

孩子： 一直以为实验方案只有老师、科学家才能想出来。原来，只要顺着一些问题思考，我也可以提出自己的实验方案！

老师： 以前我都是告诉孩子们实验要怎么做，最多给他们讲讲为什么这样做。以后，我得告诉孩子们实验方案是怎么想出来的，让他们当设计者，而不只是操作员！

你的思考

7

"这个实验不够完善，我得改改。"
——评估和改进实验

上回咱们说到教孩子自己设计实验来检验假设。

没有人能一开始就设计出完善的实验方案，学生的实验方案同样可能有缺陷。

那么，问题来了：

怎么教孩子评估和改进实验方案？

一块儿琢磨下！

我们先来看看科学家是怎么评估和改进实验的。

? 科学家怎么评估和改进实验？

进行实验——检验作出的假设

例子 1

> 现象

浴缸里的水看起来有点蓝。

从浴缸中取出一杯水，水是无色的。

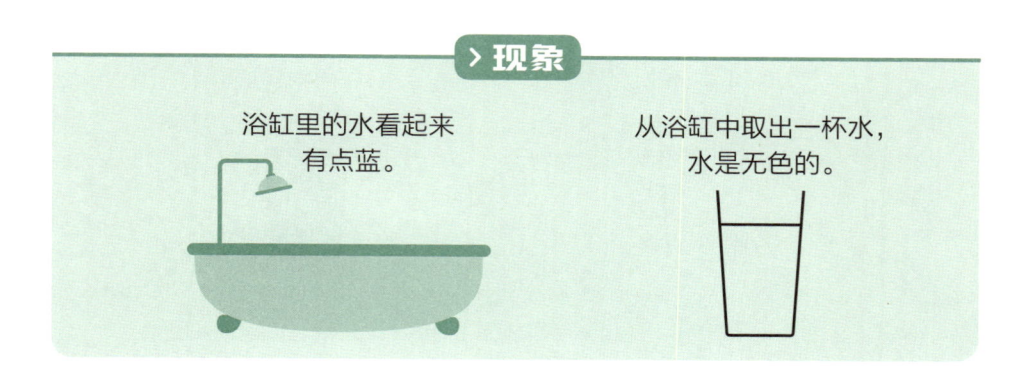

> 假设

水有了一定的深度，看起来就是蓝色的。

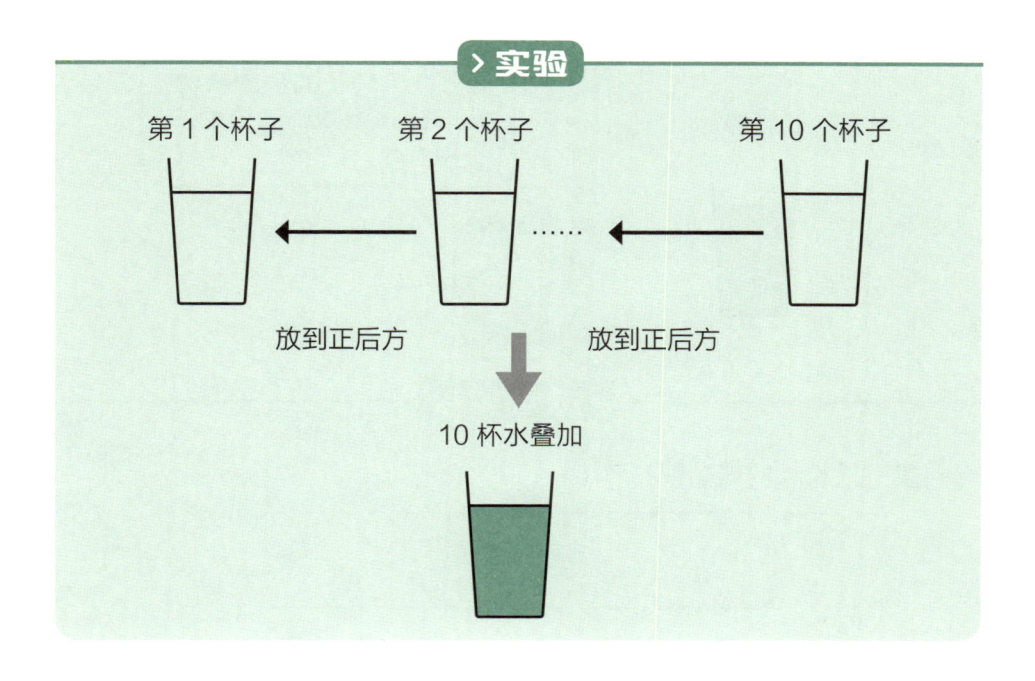

> 实验

第 1 个杯子 ← 第 2 个杯子 ← …… ← 第 10 个杯子

放到正后方　　放到正后方

10 杯水叠加

像科学家一样思考：怎么做？怎么教？

> 结果

如果 10 杯水叠加在一起，水看起来蓝色更深，就说明假设是对的。

1 杯水　　　　　　　10 杯水叠加

这样，就得出了结论：

> 结论

水看起来是蓝色的，是因为有一定的深度。

这个实验方案怎么样？如果不好，怎么改进？
咱们看看科学家怎么说。

10 杯水叠加

水看起来是蓝色的，可能是 10 个杯子的玻璃叠加造成的。要想办法排除这个可能性。

> 改进实验

找一根长长的玻璃管：

进行实验——检验作出的假设

在玻璃管里装上从浴缸里取出的水,分别从侧面和横截面看。

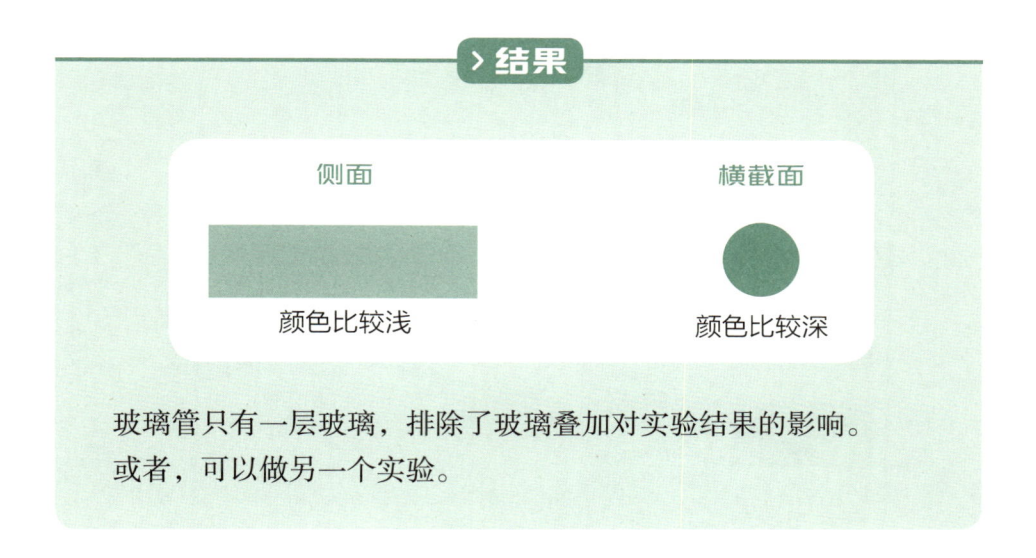

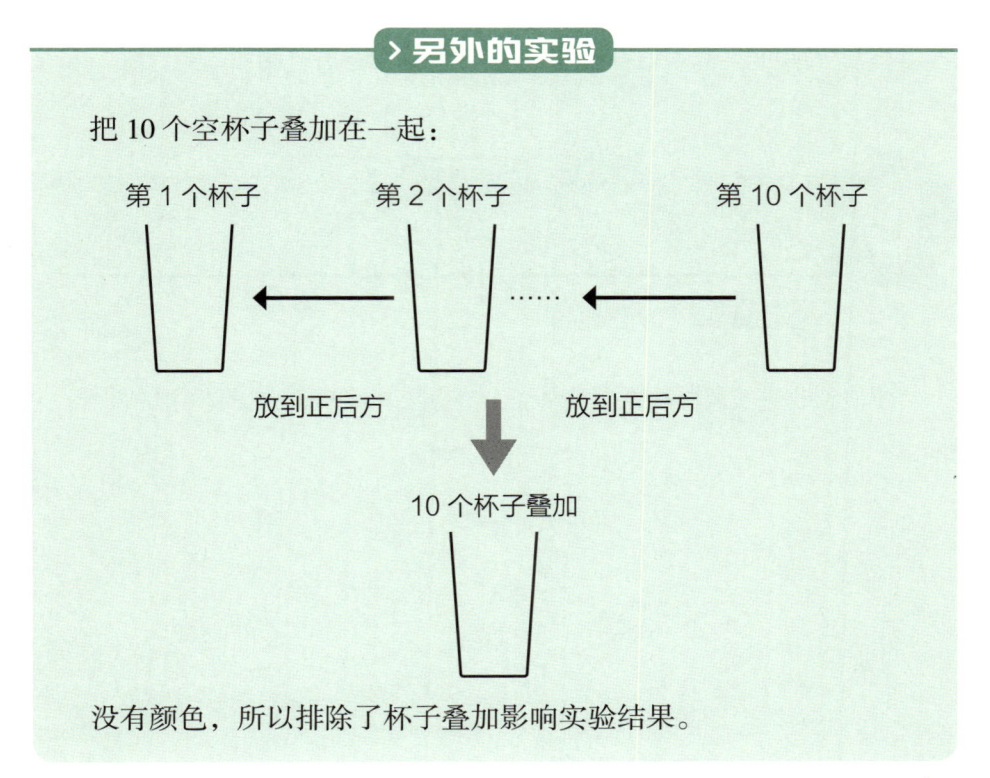

> **结果**

侧面　　　　　　　　　横截面

颜色比较浅　　　　　　颜色比较深

玻璃管只有一层玻璃,排除了玻璃叠加对实验结果的影响。或者,可以做另一个实验。

> **另外的实验**

把 10 个空杯子叠加在一起:

第 1 个杯子　　　第 2 个杯子　　　第 10 个杯子

　　　　　　放到正后方　　　　　放到正后方

10 个杯子叠加

没有颜色,所以排除了杯子叠加影响实验结果。

093

像科学家一样思考：怎么做？怎么教？

在这个过程中，科学家做了什么？

他们考虑了实验结果可能是由哪些因素造成的，会不会有假设之外的因素。

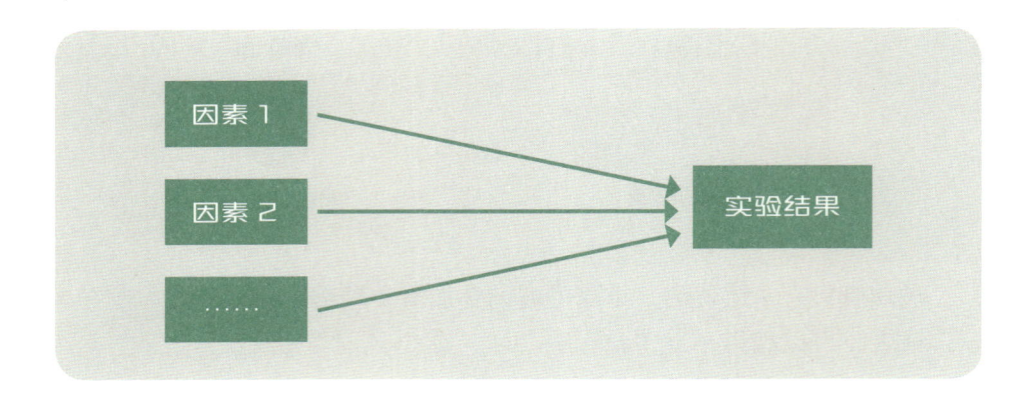

```
因素 1 ──┐
因素 2 ──┼──→ 实验结果
……   ──┘
```

找到可能的因素之后，就想办法排除这些因素对结果的影响。

这样评估和改进实验 -1
思考实验结果有没有假设之外的其他解释，可以怎么排除。

评估和改进实验的做法肯定不止这一种。再看一个之前聊过的例子。

例子 2

> **现象**

冬天，河水结冰了，海水没有结冰。

> **假设**

冬天海水不结冰，是因为海水里盐多。

一个实验是这样的：

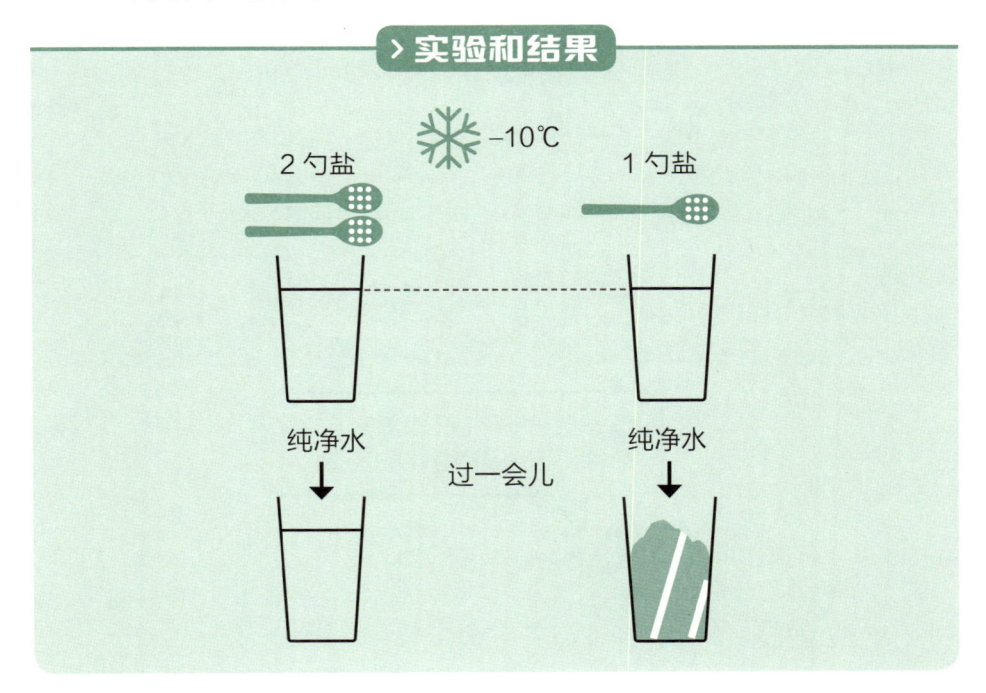

> **实验和结果**

-10℃

2勺盐　　　　　1勺盐

纯净水　　过一会儿　　纯净水

| 像科学家一样思考：怎么做？怎么教？

这个实验方案怎么样？如果不好，怎么改进？
先看看科学家怎么说。

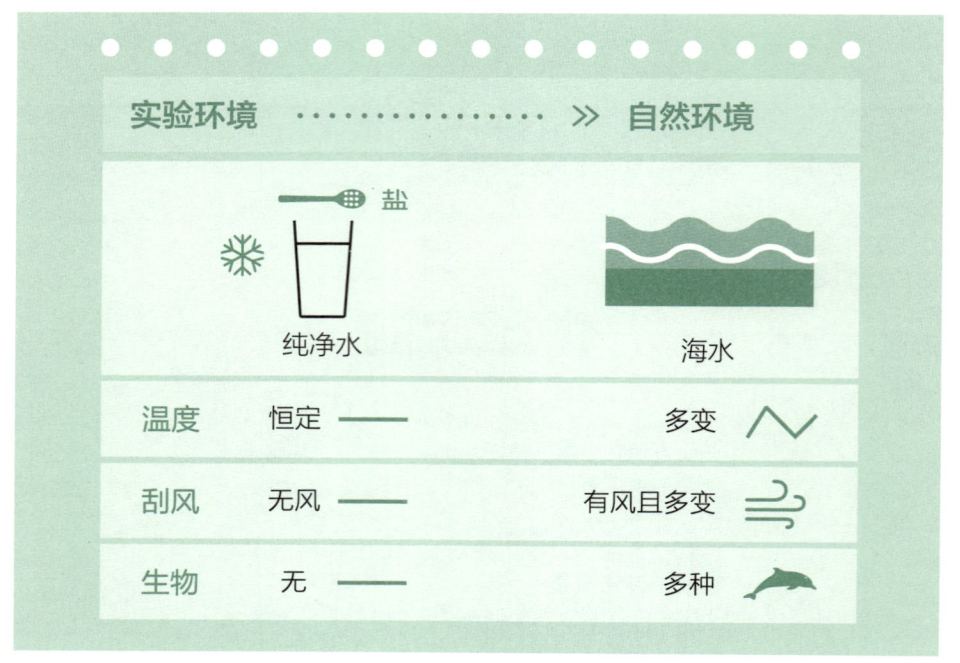

> 实验是在杯子里做的，和海水所在的自然环境不一样。

| 实验环境 ···············≫ 自然环境 |

	实验环境	自然环境
	纯净水（加盐、冰）	海水
温度	恒定 ——	多变
刮风	无风 ——	有风且多变
生物	无 ——	多种

> 要做更多研究来搞清楚自然条件下海水不结冰的原因。

进行实验——检验作出的假设

研究自然条件下海水不结冰的影响因素

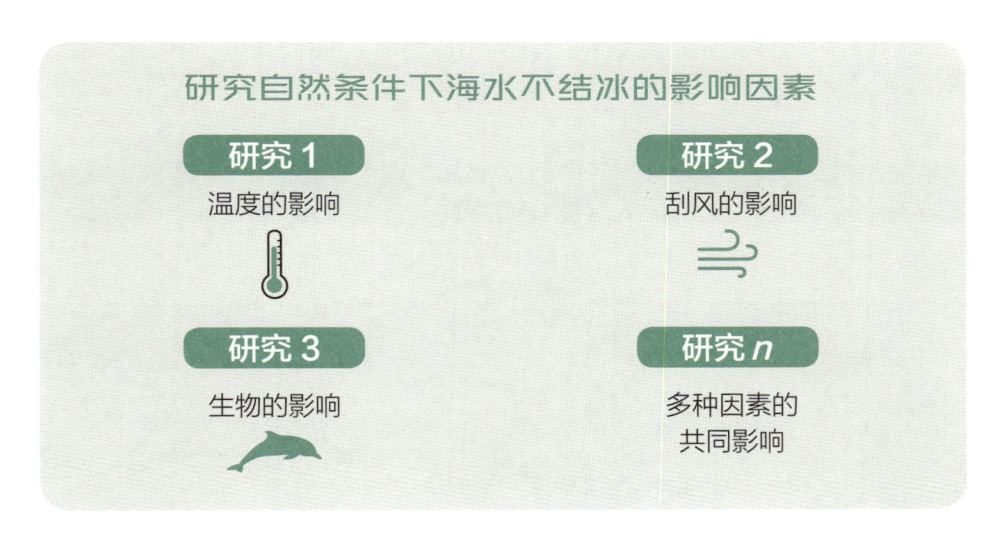

研究 1 温度的影响

研究 2 刮风的影响

研究 3 生物的影响

研究 n 多种因素的共同影响

在这个过程中,科学家做了什么?

他们考虑到实验条件和自然环境的差别,想到实验环境下得出的结论不一定完全适用于自然环境。

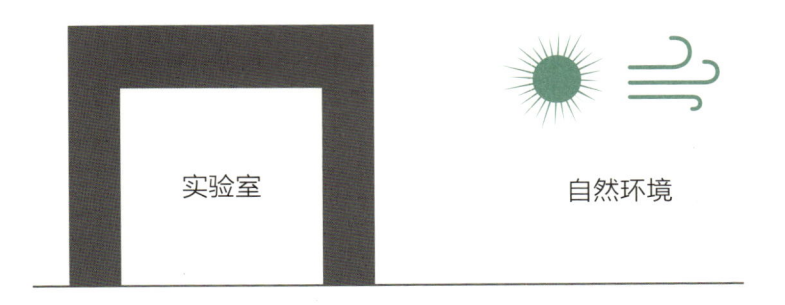

实验室　　自然环境

想到了这点,科学家就发现了更多新问题,要做更多的研究来搞清楚这些问题。

> **这样评估和改进实验 -2**
> 思考实验环境和真实的自然环境是否一致,
> 为了得出结论还要做哪些研究。

前面两个例子研究的是水，属于物质科学。咱们再看一个生命科学的例子。

例子 3

> 现象

植物长歪了。

> 假设

植物长歪了，是因为它向光生长。

一个实验是这样的：

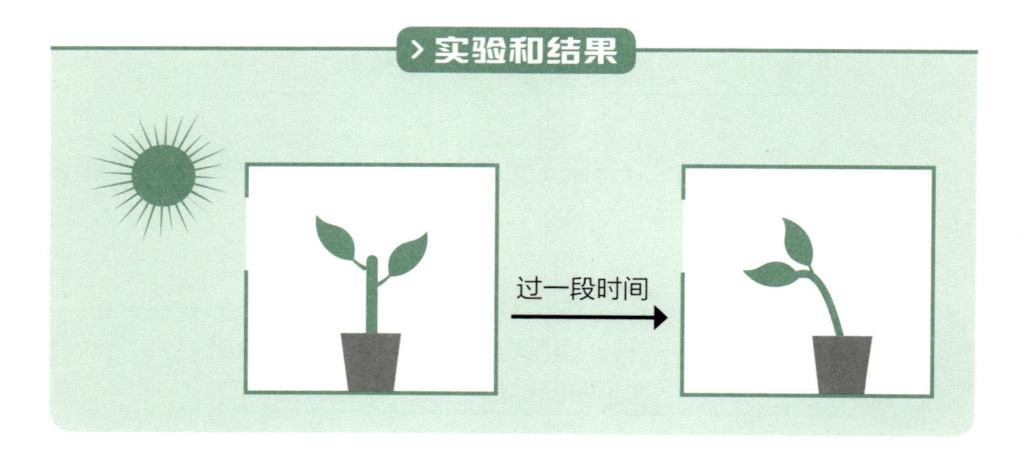

> 实验和结果

过一段时间

从实验结果中，得出了结论：

进行实验——检验作出的假设

> 结论

植物向光生长。

这个实验方案怎么样？如果不好，怎么改进？
来看看科学家怎么说。

> 只用了一株植物，实验也只做了一次，偶然性大，结果不那么可靠。

> 实验结果及可能的原因

这株植物恰好弯折了，可能是未知原因造成这次实验的结果。

> 要降低偶然因素的影响，可以使用多株植物，多做几次实验。

×100 株   实验 ×100 次

像科学家一样思考：怎么做？怎么教？

另外，科学家还注意到一个问题：

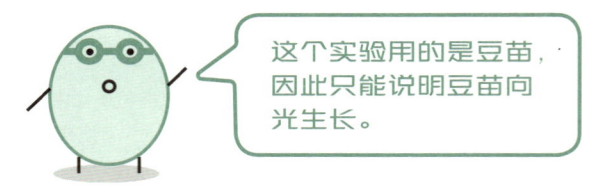

> 这个实验用的是豆苗，因此只能说明豆苗向光生长。

想知道更多植物会不会向光生长，要怎么办？

> 以更多的植物为对象做这个实验才行。

在这个过程中，科学家做了什么？

他们考虑了实验结果是不是有偶然性，要想办法降低这种偶然性，以便更加确定结果是由假设的原因造成的。

偶然因素	降低偶然性的办法
单个研究对象	用多个同样的研究对象
单次实验结果	同一个实验多做几次

这样评估和改进实验 -3

评估并降低实验结果的偶然性。

另外，科学家还考虑到，实验只研究了一个对象，因此得出的结论不一定适用于其他对象。

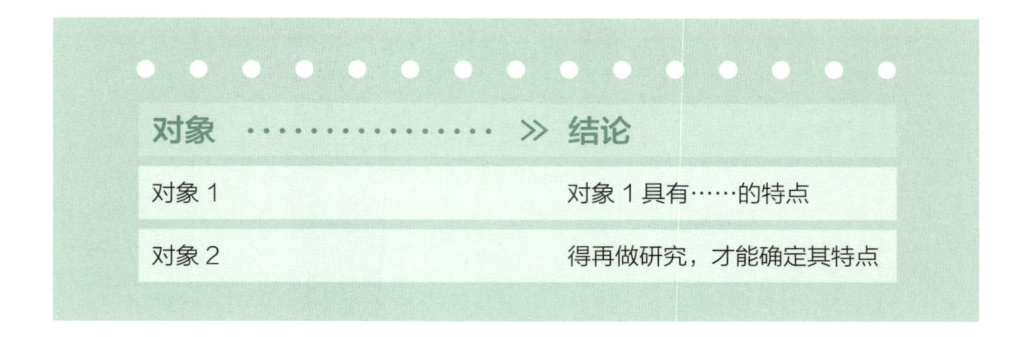

对象	结论
对象 1	对象 1 具有……的特点
对象 2	得再做研究，才能确定其特点

在研究更多对象之前，得出超出已研究对象的结论要很谨慎。

这样评估和改进实验 -4
思考实验得到的结论是否适用于其他类似的对象。

搞清楚了前面这些，咱们来琢磨怎么教的问题。

? 怎么教孩子评估和改进实验？

还是从课堂里找教学方法。

像科学家一样思考：怎么做？怎么教？

课堂 1

> 实验方案

1 杯水　　　　　10 杯水叠加

这个实验的结果不能排除玻璃叠加的影响，所以不能说……。如果要排除影响因素，可以改成……

课堂 2

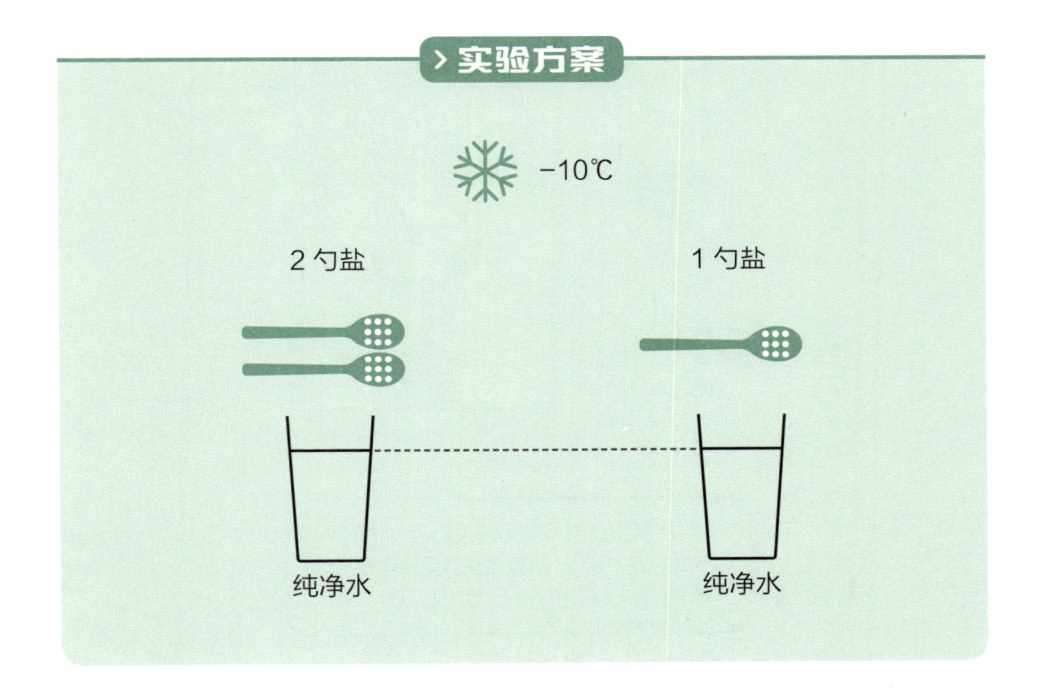

> **实验方案**

❄ −10℃

2 勺盐　　　　　　　1 勺盐

纯净水　　　　　　　纯净水

> 这个实验条件和自然环境不一样，所以不能说……。要更全面地认识这个问题，可以……

像科学家一样思考：怎么做？怎么教？

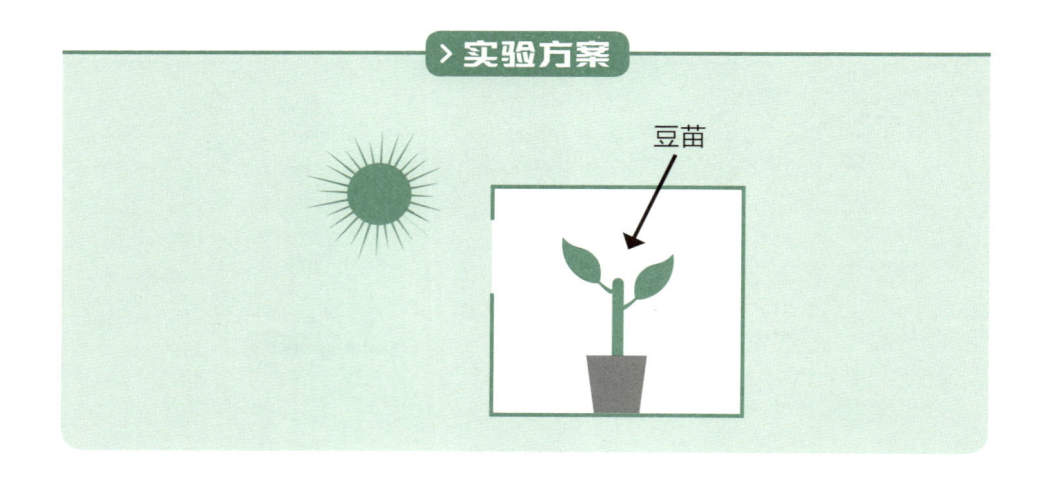

课堂 3

> 实验方案

豆苗

> 这个实验的对象是豆苗，所以不能说……。要想知道是不是所有植物都这样，可以……

这几节课主题不一样，但都是在讲实验方案的不足之处及改进办法。这样，孩子能明白实验的缺陷在哪儿，要怎么改，以及改进的理由。

基础教法 — 讲解示范：讲解实验方案的缺陷和改进办法。

可是，完成了这样的学习，孩子还是没有经历自己评估和改进实验。怎么引导他们自己来呢？

一起看看下面几节课。

进行实验——检验作出的假设

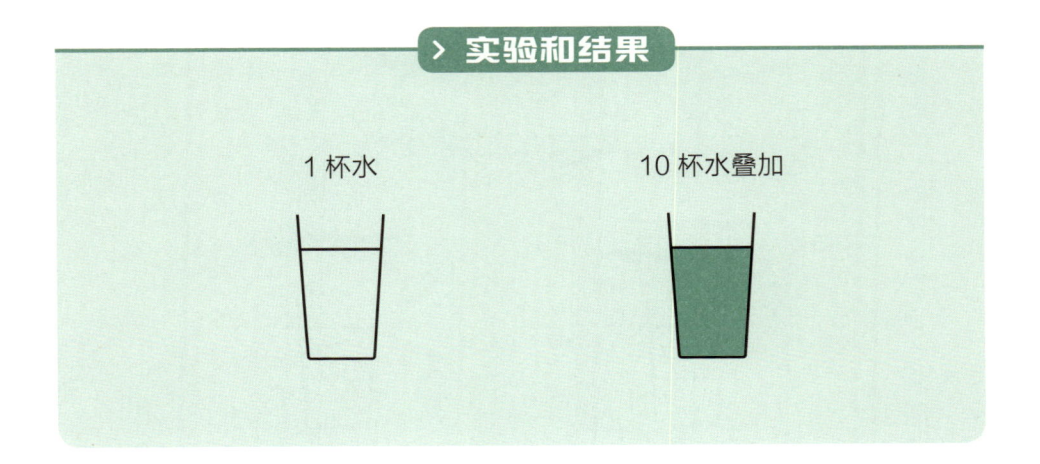

🧪 课堂 4

> **实验和结果**

1 杯水　　　　　10 杯水叠加

除了假设的原因之外，可能有别的原因造成这个结果吗？如果有，怎么排除呢？

像科学家一样思考：怎么做？怎么教？

📖 课堂 5

> 实验和结果

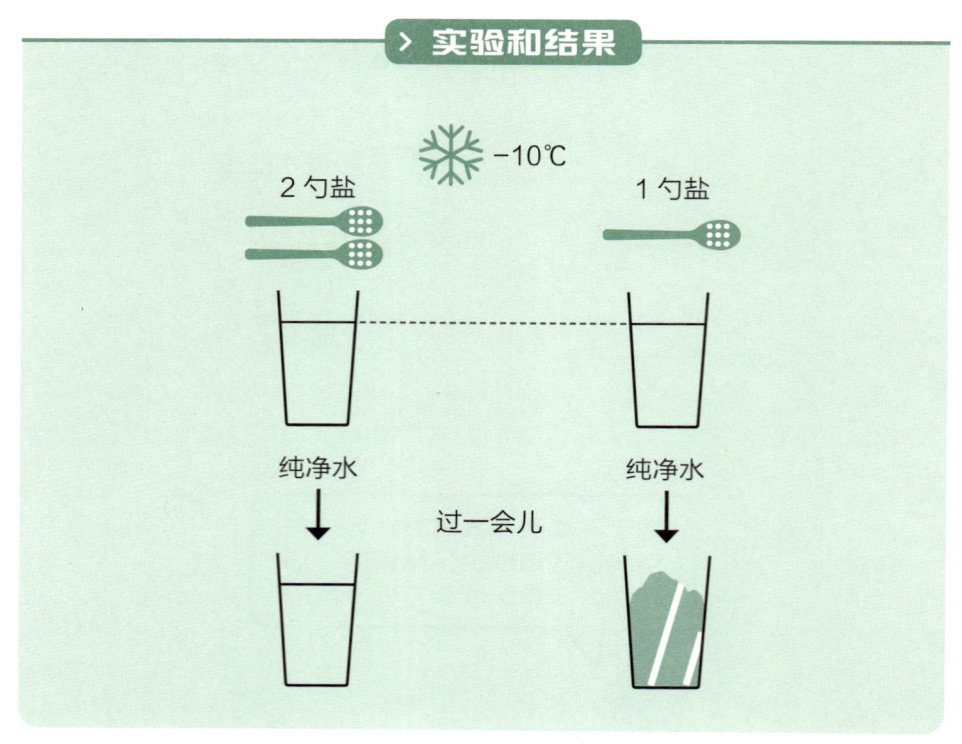

❄ −10℃

2 勺盐　　　　　　　1 勺盐

纯净水　　过一会儿　　纯净水

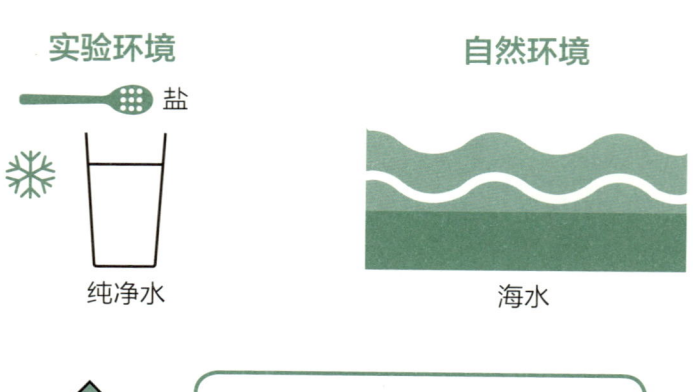

实验环境

盐
❄ 纯净水

自然环境

海水

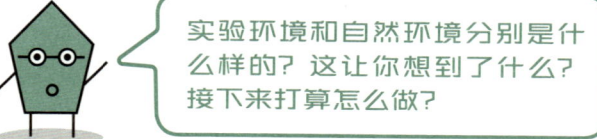

实验环境和自然环境分别是什么样的？这让你想到了什么？接下来打算怎么做？

106

课堂 6

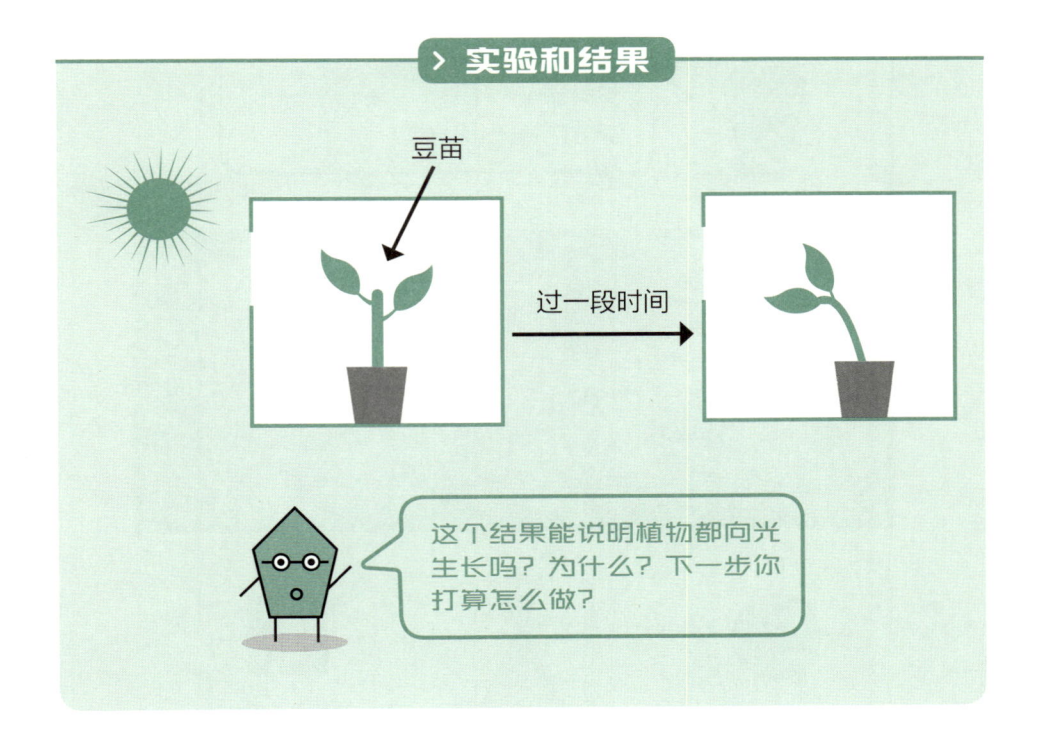

> **实验和结果**

豆苗

过一段时间

这个结果能说明植物都向光生长吗?为什么?下一步你打算怎么做?

这几节课都是在引导孩子自己找出实验方案的缺陷,并想办法改进。

这样,孩子能自己经历评估和改进实验方案的过程,从而设计出更好的实验。

基础教法 — 支持帮助

用问题引导孩子评估和改进实验方案。

当孩子有了一些评估和改进实验方案的经验后,我们希望他们能意识到从哪些方面给实验方案挑毛病。

怎么教?再看看下面这节课。

像科学家一样思考：怎么做？怎么教？

🖐 课堂 7

> 咱们已经评估和改进过一些实验方案了，你们觉得好的实验要符合哪些标准？

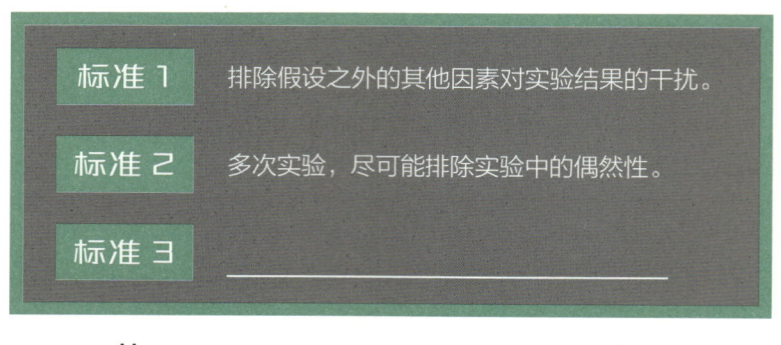

标准 1	排除假设之外的其他因素对实验结果的干扰。
标准 2	多次实验，尽可能排除实验中的偶然性。
标准 3	_____

这是在让孩子自己提炼"好的实验要符合的标准"。

这样，孩子以后能够利用这些标准来评估和改进实验，也能指引自己设计实验。

回顾提炼

进阶教法：引导孩子根据以往经验提炼出好实验的标准。

💡 要在孩子有了一定评估和改进实验的经验之后，再用这个进阶教法。

现在，我们能回答这个问题啦！

怎么教孩子评估和改进实验方案？

? 科学家怎么评估和改进实验？

这样评估和改进实验-1

思考实验结果有没有假设之外的其他解释，可以怎么排除。

这样评估和改进实验-2

思考实验环境和真实的自然环境是否一致，为了得出结论还要做哪些研究。

这样评估和改进实验-3

评估并降低实验结果的偶然性。

这样评估和改进实验-4

思考实验得到的结论是否适用于其他类似的对象。

像科学家一样思考：怎么做？怎么教？

❓ 怎么教孩子评估和改进实验？

基础教法 ——————— **基础教法**　　孩子有一定经验之后　→　**进阶教法**

讲解示范
讲解实验方案的缺陷和改进办法。

支持帮助
用问题引导孩子评估和改进实验方案。

回顾提炼
引导孩子根据以往经验提炼出好实验的标准。

进行实验——检验作出的假设

评论区

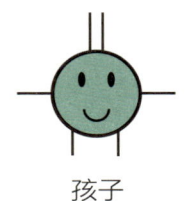

孩子：老师总是说我的实验方案不好，可我也不知道怎么才算是好实验。现在，我知道从哪里挑实验方案的毛病了。下次试试！

老师：课堂上，我总是想办法自己改进实验方案，就怕实验不严谨得出来的结果是错的。现在看来，给孩子不太完善的实验，反而能让他们多思考。学到了！

你的思考

像科学家一样思考：怎么做？怎么教？

教学脚手架

🔧 引导孩子进行实验设计

- 怎么知道你提的假设对不对？
- 要检验提出的假设，你需要哪些证据？
- 你打算用什么办法观测这个变量？
- 还有哪些因素会造成这个现象？你打算如何排除这些因素的影响？
- 你计划在什么条件下开展这个实验？
- 你打算用什么作为实验对象？用多少个？

🔧 学习单 / 板书中的实验设计

实验中如果看到 ················· >> 假设对 / 不对

× × ×　　　　　　　　　　　　　　× × ×

进行实验——检验作出的假设

> 🔧 **引导孩子评估和改进实验**
> - 实验结果有其他解释吗?怎么排除?
> - 这个实验用什么作为研究对象?得出的结论适合其他对象吗?
> - 你确定得出的结论是完全可信的吗?哪里不太确定?为什么?怎么改进可以使结论更加可信?
> - 如果再做一次实验,你打算怎么做?和上次有哪些不同?为什么?

误解与澄清

❌ **实验是科学研究不可或缺的。**

科学研究经常要做实验，科学课上也有很多实验。这让很多老师觉得只要是科学研究就一定要做实验，没有实验的研究是不科学的。事实上，科学研究有多种方法，实验只是方法之一。使用什么方法，取决于要研究的问题。有些问题适合用对照实验的方法，有些问题只要通过观察就能回答，还有些问题需要综合查阅前人的研究成果、观察、实验等多种方法才能回答。

❌ **学生能照着实验步骤做成功就行了。**

实验时，很多老师特别关注学生能不能读懂实验步骤，能不能按照要求做出实验结果来。这些老师觉得，学生能照着步骤做完实验就好了。事实上，完成实验虽然也是需要达成的目标，但不应该是唯一的目标。如果只是照着步骤做实验，学生只能学会操作，而难以知道为什么要用这个实验方案，实验方案是怎么设计出来的。我们需要引导学生思考这些问题，理解实验方案，学会设计实验方案。

进行实验——检验作出的假设

> ❌ **课堂上给学生做的实验最好一次成功。**
>
> 很多老师花了大量精力改进科学实验，目的是在课堂上实验一次就成功，让学生看到实验结果支持这节课要讲的知识点。这些老师常常害怕课堂上的实验存在缺陷，得不出"正确"的结果。事实上，这样做是把评估和改进实验的任务全部交给了老师自己，没有给学生相应的机会。我们可以尝试刻意在课上做有缺陷的实验，得出和"答案"不一样的实验结果。这样能够给学生提供评估实验好坏的机会，让他们认识到不能盲目相信实验结果。同时，这也为学生提供了改进实验的机会，这也是科学家在科学研究中会做的事情。

像科学家一样思考：怎么做？怎么教？

看完这一部分，你有什么新认识、新问题？
写下来，分享给更多人，我们一起来探讨。

论证观点
——回答提出的问题

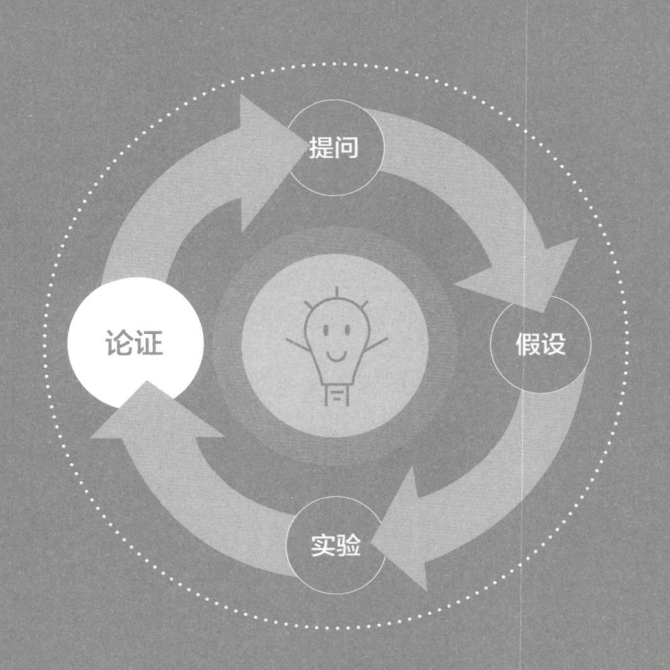

8

"我的观点是……，证据是……"
——用证据支持观点

前面，咱们一起聊了探究中的提问、假设和实验。

前情提要
1. 怎么教孩子提出问题？
2. 怎么教孩子作出假设？
3. 怎么教孩子设计、评估和改进实验？

你已经知道了，实验中能通过收集证据检验假设。

接下来，咱们要做的是引导孩子用这些证据得出结论，从而回答提出的研究问题。在这个过程中，非常重要的是建立证据与结论之间明确的关系。

怎么教呢？

先来看看下面这位老师教得怎么样。

论证观点——回答提出的问题

实验

结果

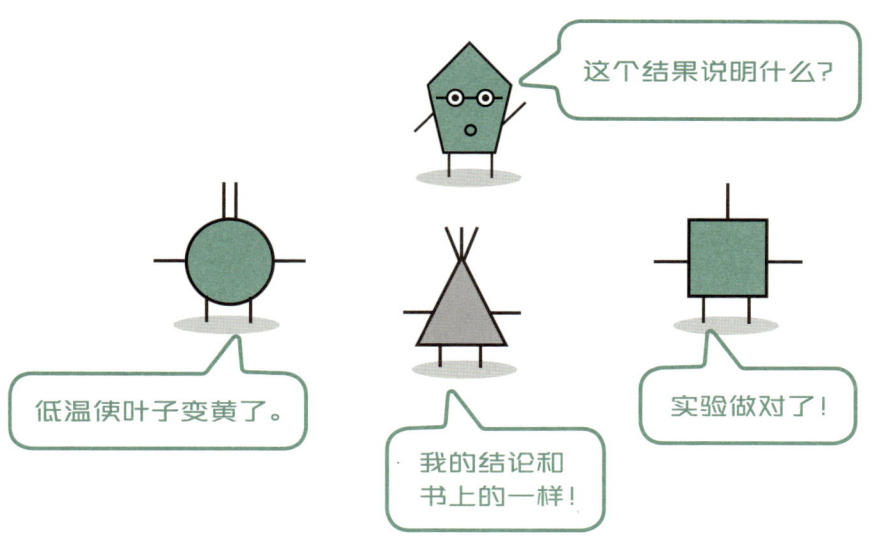

这个结果说明什么?

低温使叶子变黄了。

我的结论和书上的一样!

实验做对了!

这样教,孩子能说出正确的结论,得到书上的知识点。

可是,他们关注的是实验有没有做对,和书上的知识点是不是一样。

119

像科学家一样思考：怎么做？怎么教？

> 我做对了吗？

> 和书上的结论一样吗？

课本

孩子们没有真正地经历从证据中得出结论的过程，没有建立证据和结论之间明确的联系，也就是没有论证自己的观点。

💡 只是说出结论，孩子们学不会论证自己的观点。

那么，问题来了：

怎么教孩子论证自己的观点？

> 一块儿琢磨下！

要回答这个问题，还是先看看科学家是怎么论证观点的。

❓ 怎么论证一个观点？

要论证一个观点，得先有一个观点。也就是说，要先从证据中得出结论来。

论证观点——回答提出的问题

先来看看下面这个例子。

例子 1

> **问题**

发声时,物体发生了什么?

> **观察**

观察几个发声的物体有什么共同特征。

> **观察结果**

喉咙在来回振动。

喉咙　向外　向内

① 压　② 弹　钢尺

钢尺在上下振动。

向上　向下

像科学家一样思考：怎么做？怎么教？

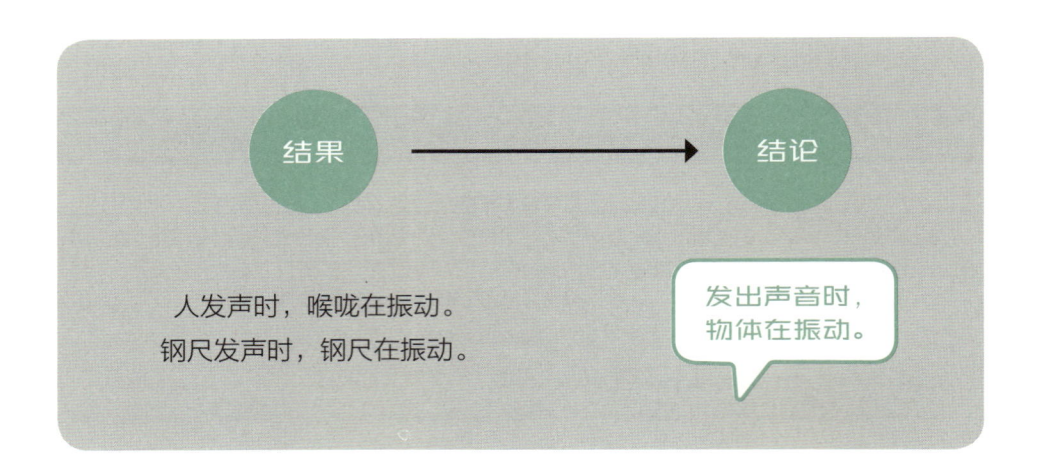

结果 → 结论

人发声时，喉咙在振动。
钢尺发声时，钢尺在振动。

发出声音时，物体在振动。

这个例子让我们看到，科学家会把观察结果当作证据，从证据中得出结论。

有时，科学家会对某个现象的成因提出假设。在这样的探究中，科学家是怎么得出自己的观点的？

再来看一个例子。

例子 2

> 问题

单摆运动的周期受哪些因素的影响？

> 假设

在越高的地方释放摆球，单摆运动的周期越长。

实验、结果与结论

多次实验，得到下面的结果：

较低点释放　　　　　较高点释放

2秒　　　　　　　　2秒

结果　≠　**假设**

不同高度释放摆球，　　　在越高的地方释放摆球，
单摆运动的周期一样。　　单摆运动的周期越长。

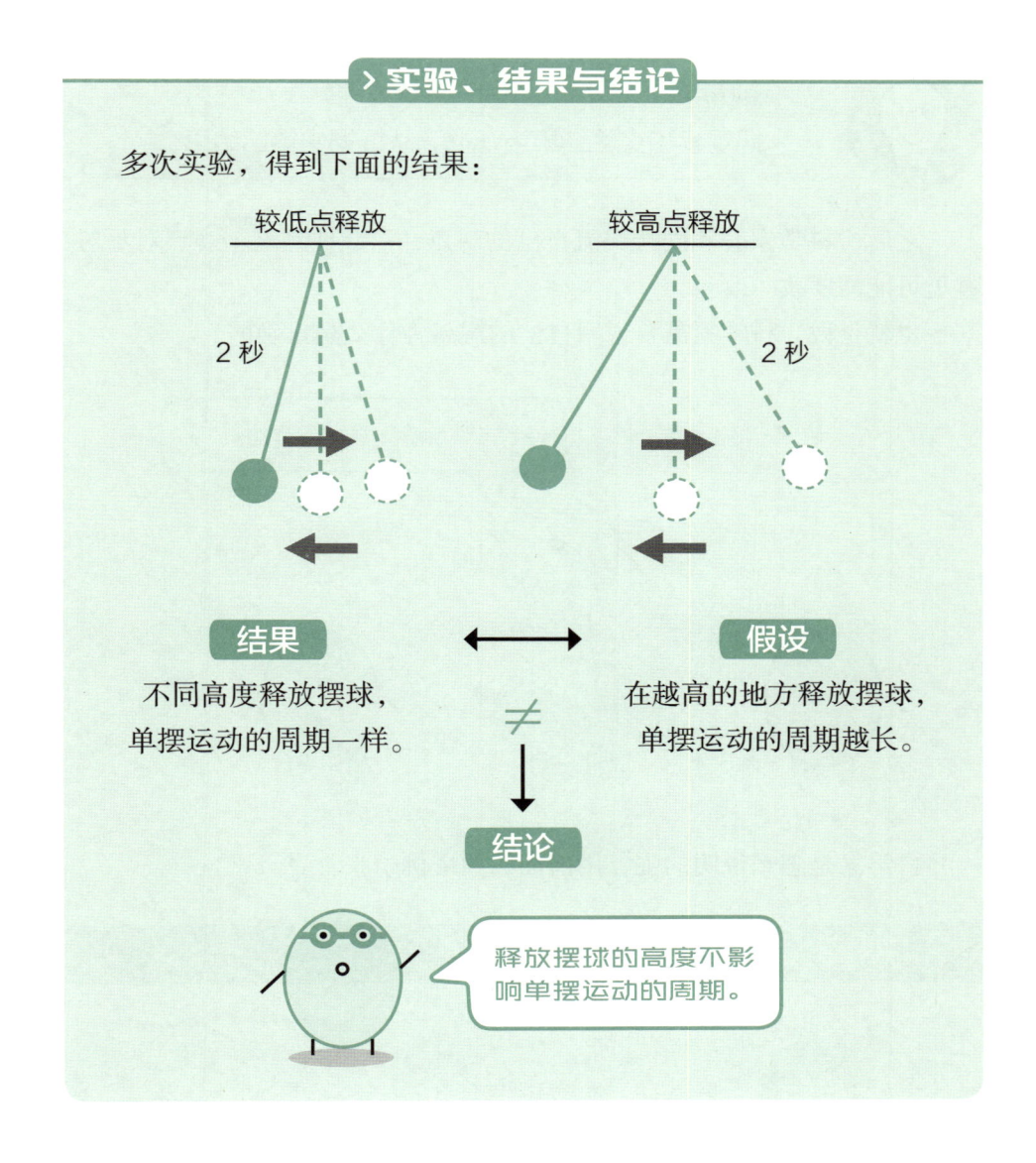

结论

释放摆球的高度不影响单摆运动的周期。

　　这个例子让我们看到，科学家会把实验结果当作证据，通过比较证据和假设一致的程度来得出结论。

　　前面两个例子有什么共同的地方？科学家是如何论证一个观点的？

像科学家一样思考：怎么做？怎么教？

这样论证观点 -1
把观察和实验结果当证据，从证据中得出结论。

之后，科学家会和同行交流自己的观点，一起评判这个观点对不对，哪里可能需要改一改。

也就是说，科学家需要说明自己的观点为什么是正确的。

> 我的观点是……，因为……

研讨会

科学家是怎么说明的呢？用前面的两个例子来看看。

📝 观察发声物体特征的例子

问题　发声时，物体发生了什么？

观点　发声时，物体在振动。

证据　人发声时，喉咙在振动。钢尺发声时，钢尺在振动。

论证观点——回答提出的问题

📝 不同高度释放摆球的例子

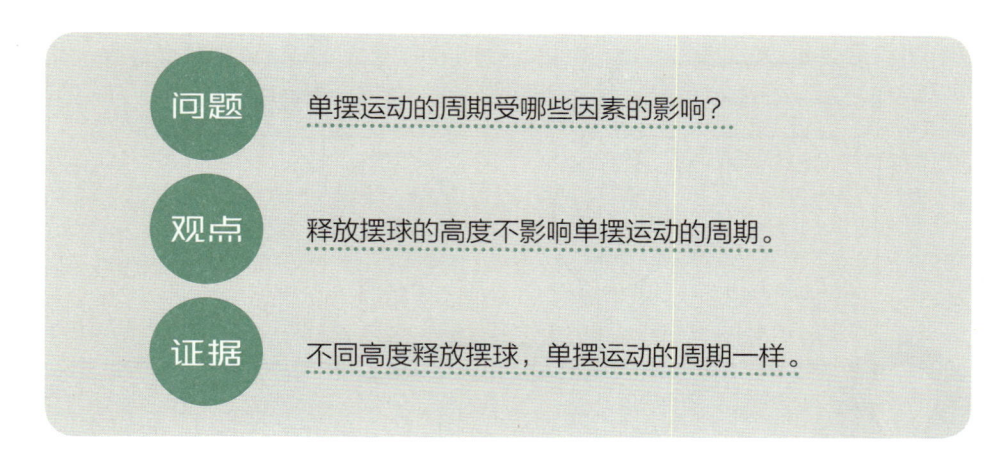

问题	单摆运动的周期受哪些因素的影响？
观点	释放摆球的高度不影响单摆运动的周期。
证据	不同高度释放摆球，单摆运动的周期一样。

以上是我的论证。

这两个例子里都有观点，以及支持这个观点的证据。

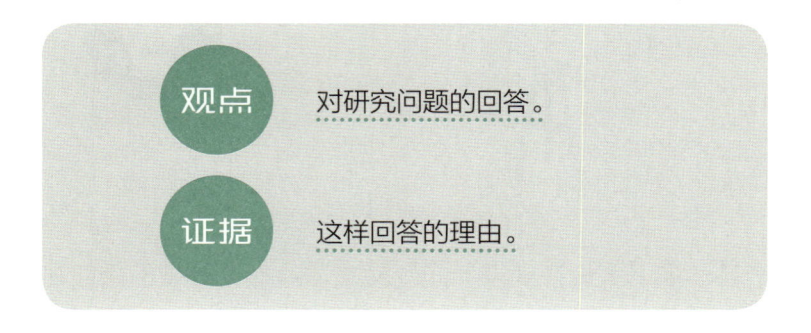

观点	对研究问题的回答。
证据	这样回答的理由。

把观点和证据摆在一起，方便大家质疑已有证据与观点的匹配性，从而或是补充新证据，或是提出不同的观点解释这些证据。

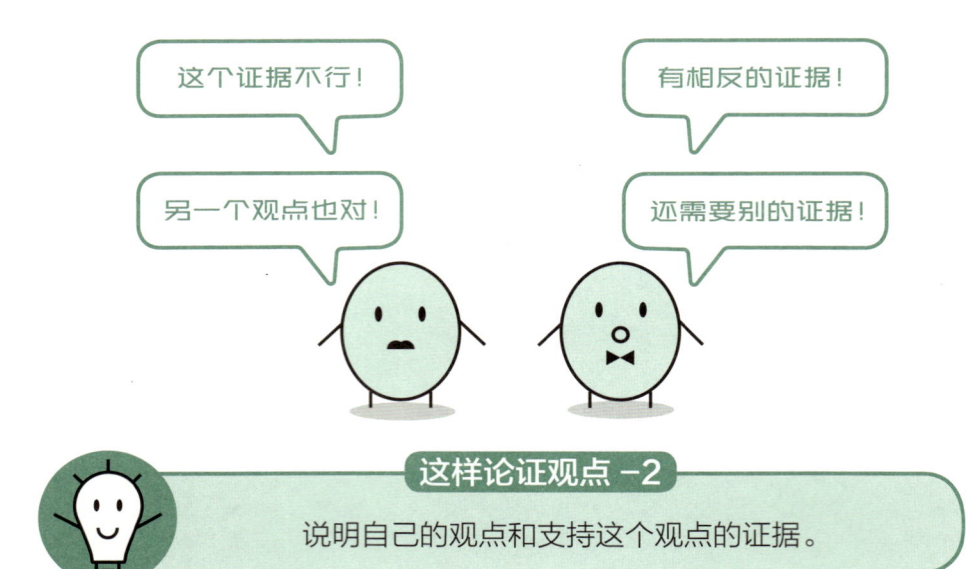

像科学家一样思考：怎么做？怎么教？

这个证据不行！

有相反的证据！

另一个观点也对！

还需要别的证据！

这样论证观点 -2
说明自己的观点和支持这个观点的证据。

为什么要这么做？

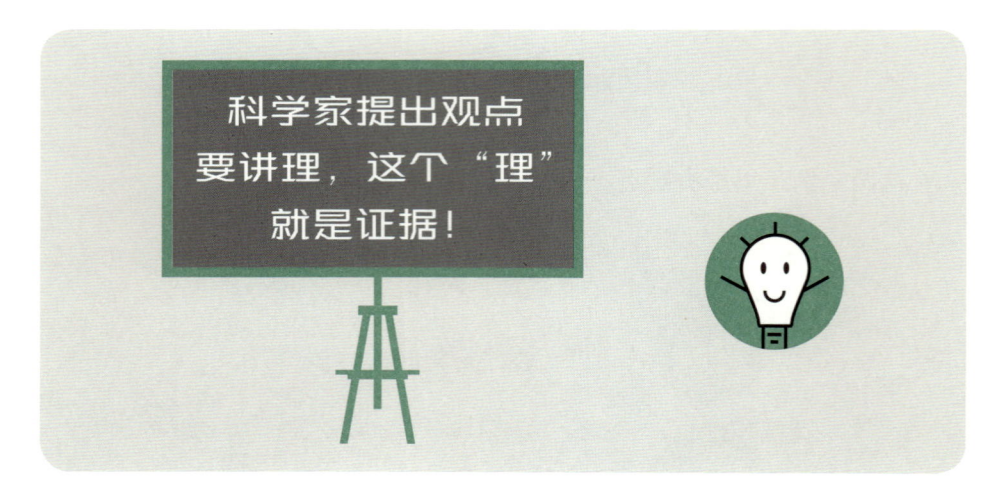

科学家提出观点要讲理，这个"理"就是证据！

知道了科学家怎么论证观点，问题又来了：怎么教孩子论证观点？

? 怎么教孩子论证观点？

还是一起从课堂实例里提炼教法。

论证观点——回答提出的问题

🔔 课堂 1

你的结论是什么？
是怎么得出来的？

向外
喉咙
向内

要怎么给别人讲述你的观点？

💡 这是让孩子明确地说出结论和论证自己观点的过程。

这样，孩子不只是说出结论，还要明确地建立证据和结论间的关系。

基础教法 — 提供机会

让孩子从证据中得出结论，论证自己的观点。

可是，孩子一开始可能并不知道要从证据中得出结论，不知道怎么论证一个观点，怎么办？

一起来看下面这堂课。

像科学家一样思考：怎么做？怎么教？

课堂 2

2 秒

证据 ↔ 假设

↓

结论

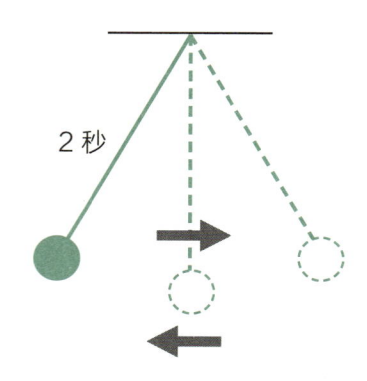

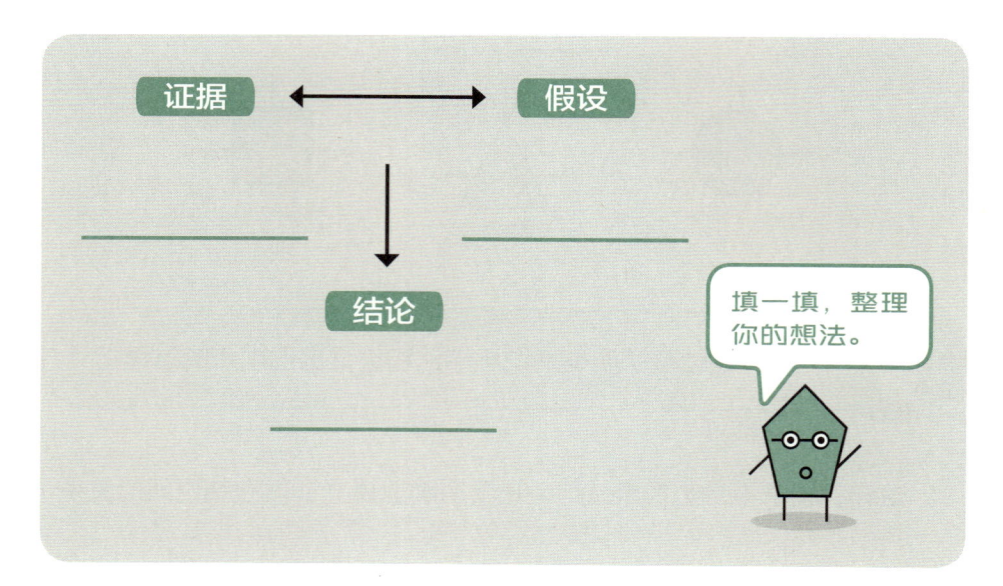

填一填，整理你的想法。

这是给了一个图表，帮孩子把证据和结论联系起来。

论证观点——回答提出的问题

问题 _____

观点 _____

证据 _____

你的观点是什么？
为什么这么觉得？

这是让孩子填空，提醒他们写出论证观点时的要点。

这样，孩子就能慢慢自主地从证据中得出结论，并用证据来论证自己的观点。

支持帮助

基础教法 提供引导性图表，提醒孩子通过证据得出结论并论证观点。

当孩子有了一些论证观点的经验后，我们希望孩子不只是会这样做，还能理解为什么要这样做。

怎么教呢？

像科学家一样思考：怎么做？怎么教？

再看一个例子。

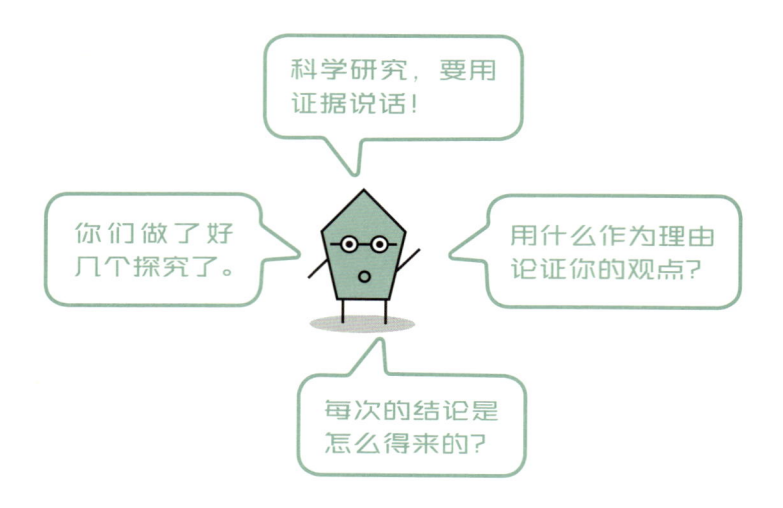

课堂 3

> 科学研究，要用证据说话！
>
> 你们做了好几个探究了。
>
> 用什么作为理由论证你的观点？
>
> 每次的结论是怎么得来的？

这是让孩子从以往的探究经验中认识证据的作用。

进阶教法

回顾提炼

带着孩子回顾探究经验，提炼出证据在科学研究中的作用。

要在孩子有一定论证经验之后，再用这个进阶教法。

论证观点——回答提出的问题

现在，我们能回答一开始提出的问题了：

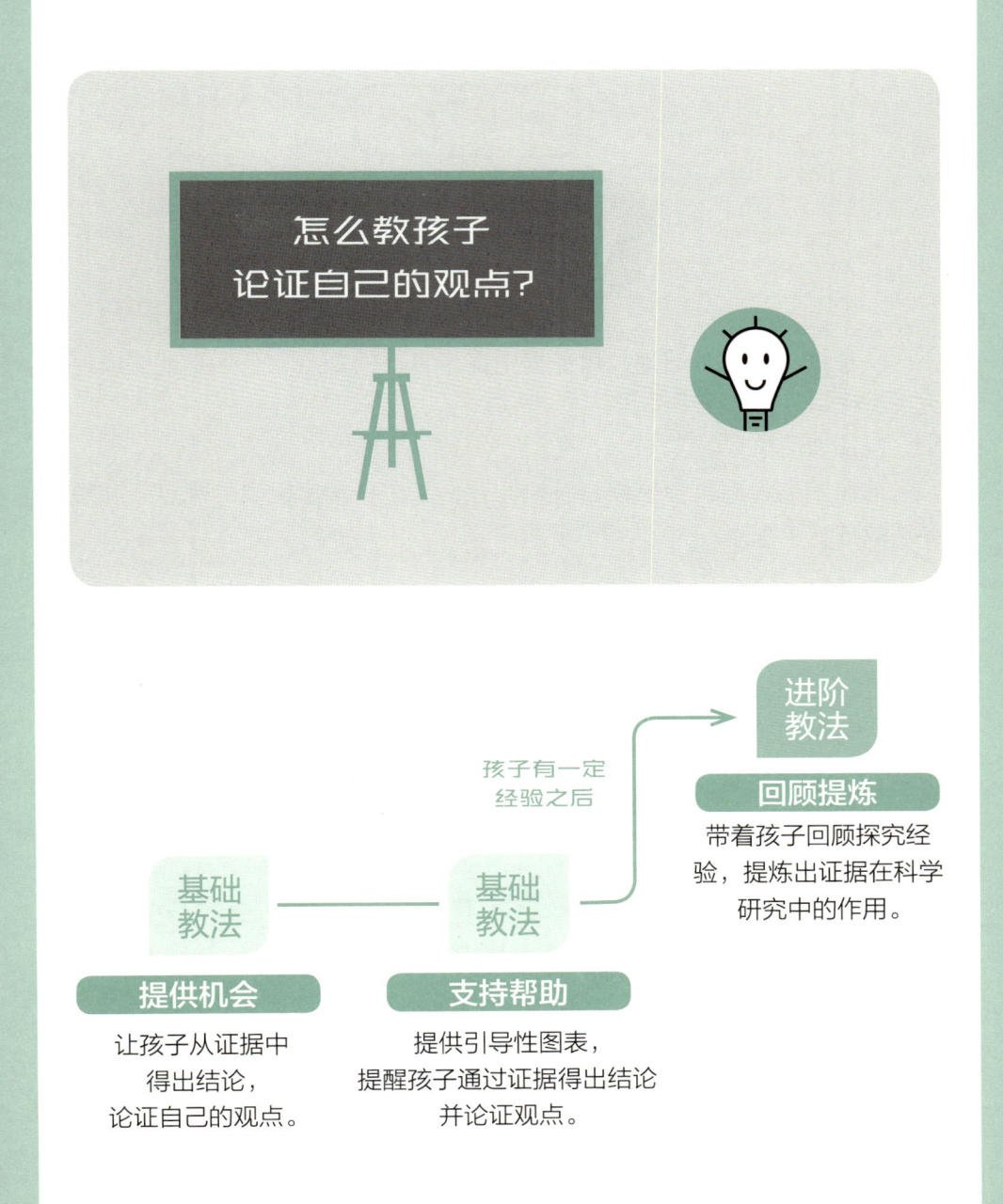

怎么教孩子论证自己的观点？

基础教法

提供机会
让孩子从证据中得出结论，论证自己的观点。

基础教法

支持帮助
提供引导性图表，提醒孩子通过证据得出结论并论证观点。

孩子有一定经验之后

进阶教法

回顾提炼
带着孩子回顾探究经验，提炼出证据在科学研究中的作用。

像科学家一样思考：怎么做？怎么教？

学会了这些，你的科学课打算怎么上？

> 试着设计下呗！

从证据中得出了结论，用证据论证了自己的观点，是不是就完成探究了？

没那么简单！

前面咱们说到科学家们会一块儿评估某个科学家提出的观点，并想办法改进这个观点。

> 怎么教孩子评估和改进一个观点？

下回接着聊！

评论区

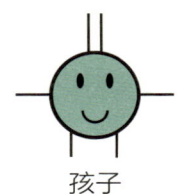

孩子： 我原来觉得老师让我说结论时我盯着书上的知识点就行了，现在看来不行啊，得说清楚这些结论是怎么来的，有哪些证据支持它们。

老师： 一直以为得出结论挺简单的，没想到这里还有这么多门道。之前我真的是让孩子说下结论就结束了，以后得照着几个教法好好练练。教孩子学着像科学家一样思考，更要教自己呀！

你的思考

9

"这个观点不一定对，因为……"
——评估和改进观点

上回，咱们提到科学家论证了自己的观点并不算结束，他们还要和同行一起评估并改进观点。

这回，我们接着聊聊：

怎么教孩子评估和改进一个观点？

一块儿琢磨下！

首先我们来看看科学家是怎么评估和改进观点的。

? 科学家怎么评估和改进观点？

来看几个例子。

论证观点——回答提出的问题

📝 例子 1

> **问题**

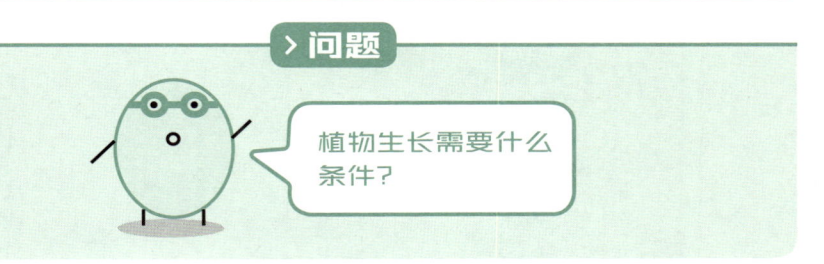

植物生长需要什么条件?

> **实验和结果**

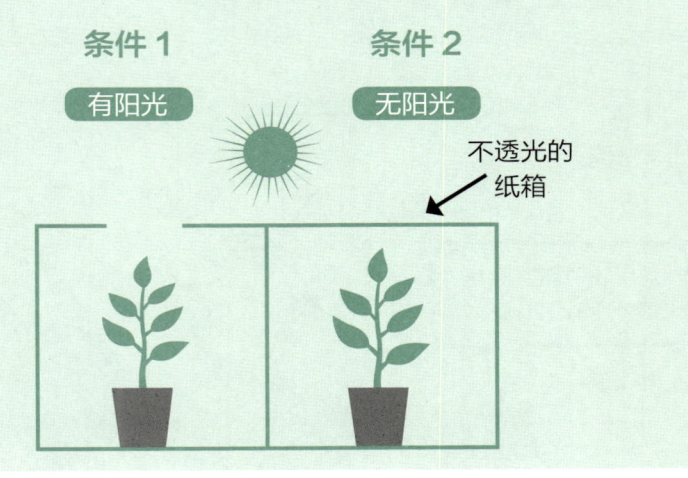

条件 1 —— 有阳光

条件 2 —— 无阳光

不透光的纸箱

> **结论**

没有阳光照射的植株比有阳光照射的植株长得高。

植物生长不需要阳光。

像科学家一样思考：怎么做？怎么教？

问题	植物生长需要阳光吗？
观点	植物生长不需要阳光。
证据	没有阳光照射的植株比有阳光照射的植株长得高。

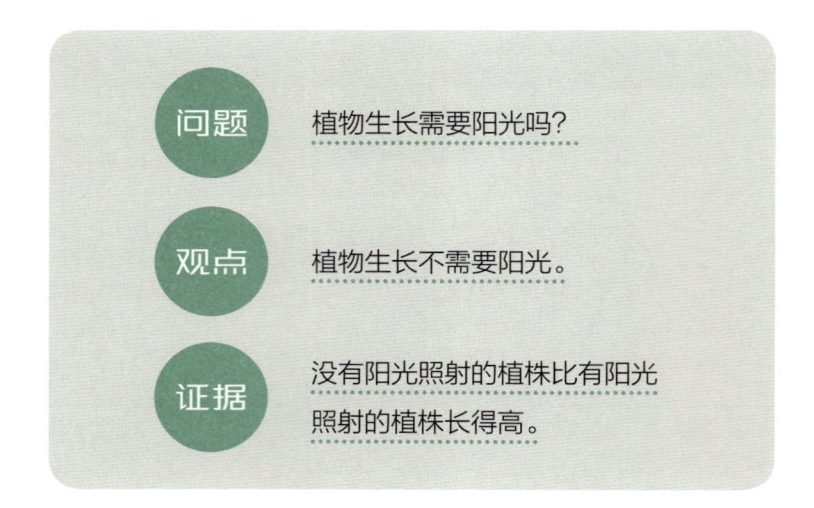

这个证据能得出这个结论吗？

细聊？

还有没有其他证据支持呢？

研讨会

论证观点——回答提出的问题

没有阳光照射长得高,就是长得好,说明植物生长不喜欢阳光呀。

长得高就是长得好吗?长得好的特征有很多。

有机物的质量
叶子的数量　　叶子的颜色
茎的粗细

有道理,绿油油的叶子,粗粗的茎,也说明长得好。

对呀!而且有时反倒是没有阳光照射的那株长得更高……

那也可能是为了尽快长到高处见到阳光,也间接说明植物需要阳光吧?

嗯嗯,看来我要找更充分的证据,才能确定"植物生长不需要阳光"这个观点对不对。

这个例子告诉我们，看到他人论证一个观点时，科学家会评估给出的证据是否足够充分，能不能说明这个观点，还需要什么证据来论证这个观点。

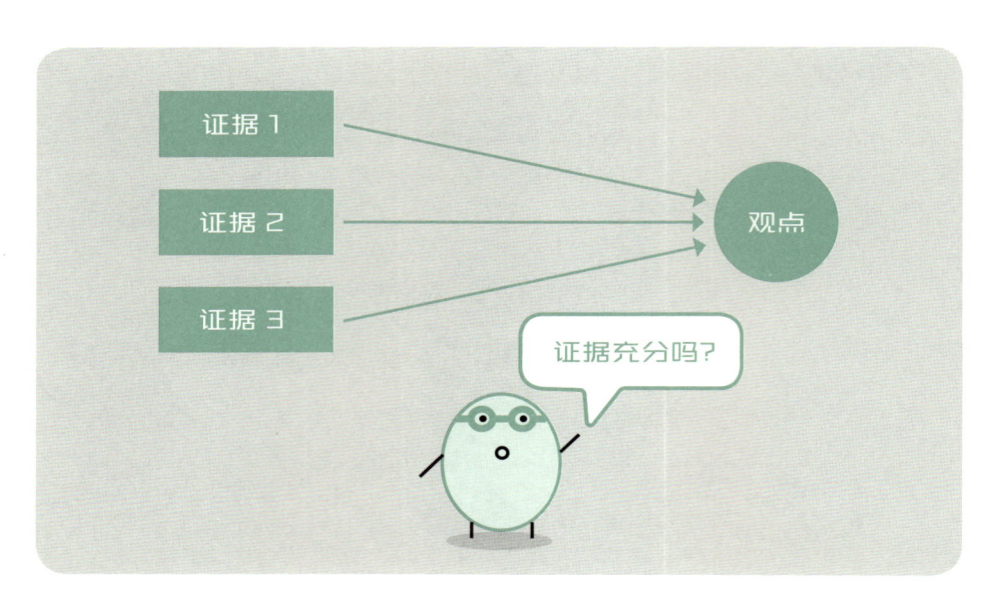

这样评估和改进观点 -1

看现有证据是否足够充分支持一个观点，计划收集更多证据。

例子 2

> 现象

蚂蚁被白板笔画的圈困住了。

论证观点——回答提出的问题

> 问题

蚂蚁为什么被困住了?

> 假设

白板笔的气味把蚂蚁困住了。

> 实验、结果与结论

过了一会儿 蚂蚁从圈中跑出来了。

结果	↔	假设
过了一会儿，蚂蚁从圈中跑出来了。	=	白板笔的气味把蚂蚁困住了。

结论

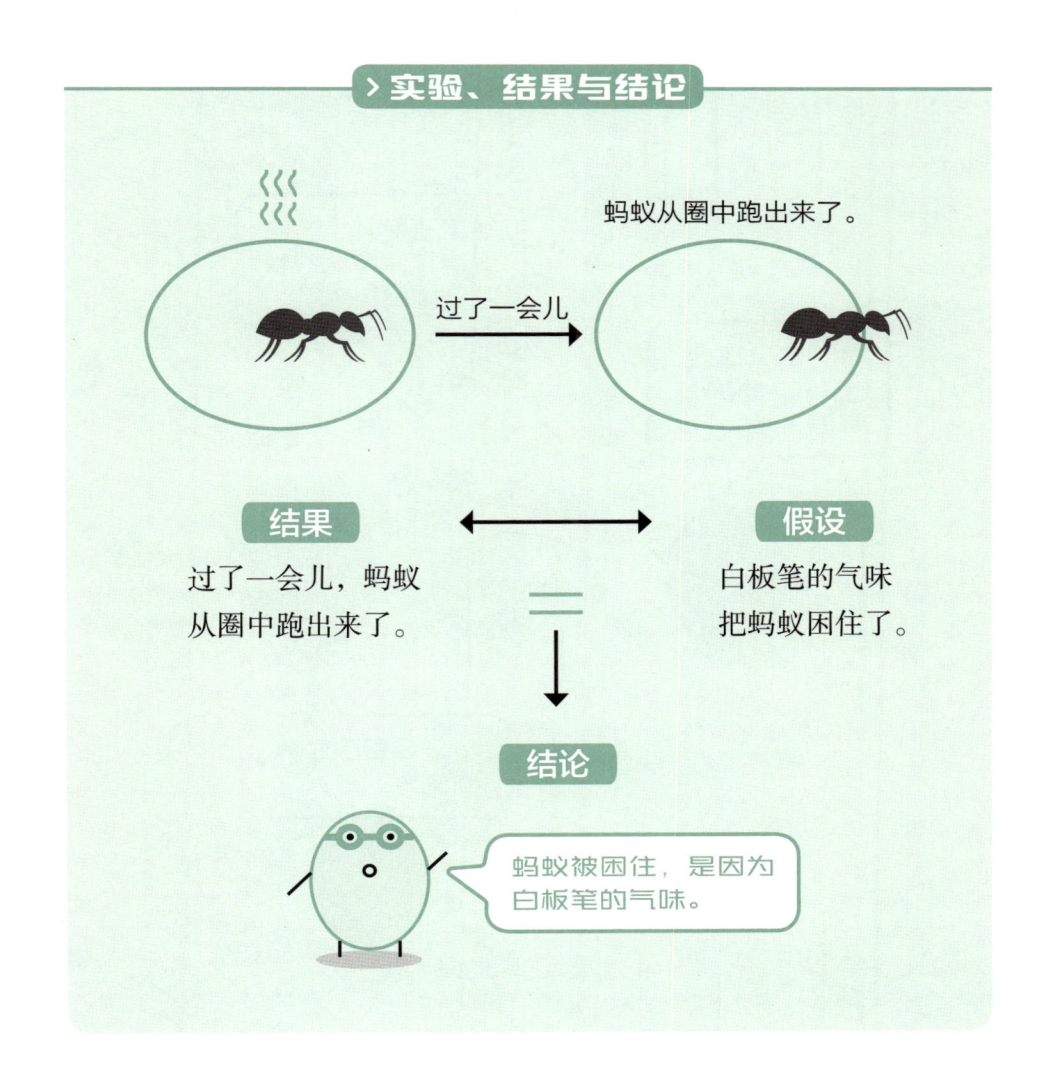

蚂蚁被困住，是因为白板笔的气味。

像科学家一样思考：怎么做？怎么教？

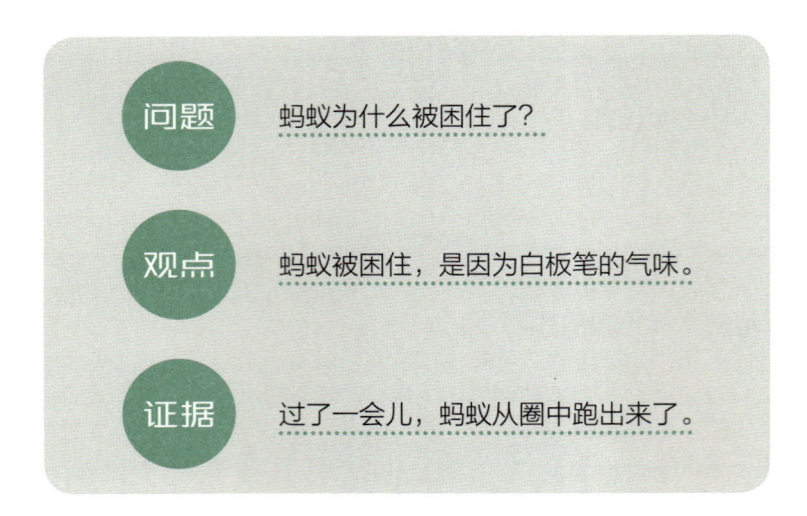

问题	蚂蚁为什么被困住了？
观点	蚂蚁被困住，是因为白板笔的气味。
证据	过了一会儿，蚂蚁从圈中跑出来了。

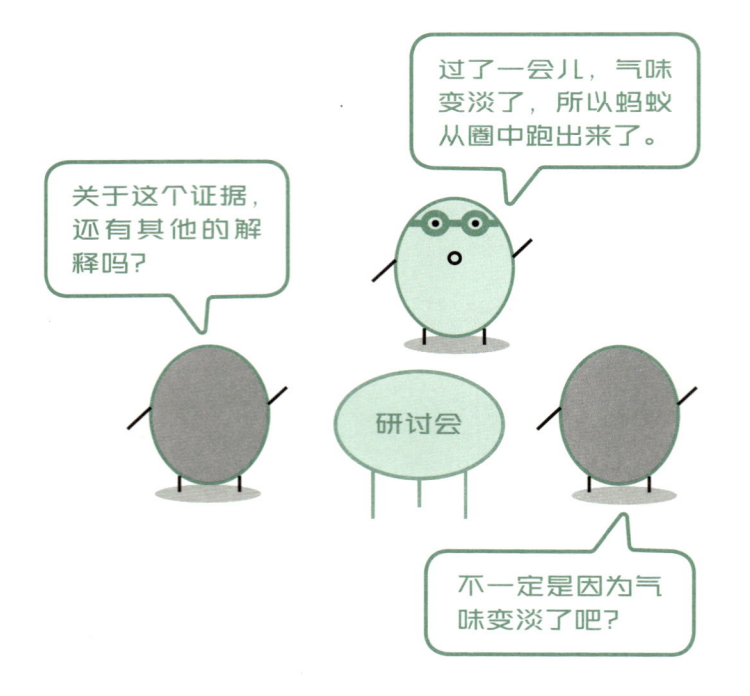

过了一会儿，气味变淡了，所以蚂蚁从圈中跑出来了。

关于这个证据，还有其他的解释吗？

研讨会

不一定是因为气味变淡了吧？

论证观点——回答提出的问题

白板笔含有酒精，酒精会挥发，圈的气味慢慢变淡了，蚂蚁就跑出来了。

这个解释说得通，但不能排除是其他原因让蚂蚁跑出来了。

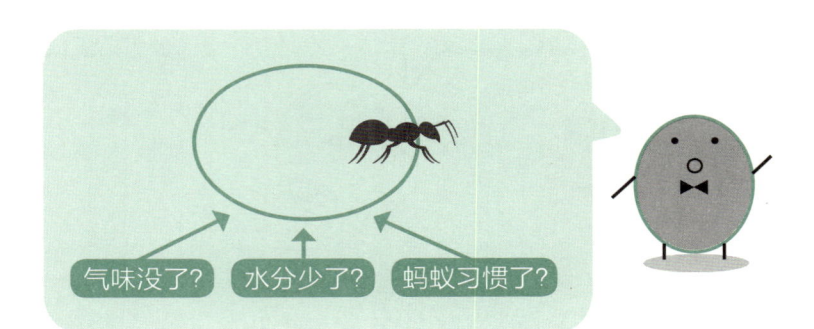

气味没了？ 水分少了？ 蚂蚁习惯了？

看来，我还得想办法检验是不是这些原因造成的。

这个例子告诉我们，科学家会考虑支持一个观点的证据是否还有其他可能的解释。

如果进一步的证据排除了这些解释，那么科学家会更加确信之前的观点。

像科学家一样思考：怎么做？怎么教？

证据

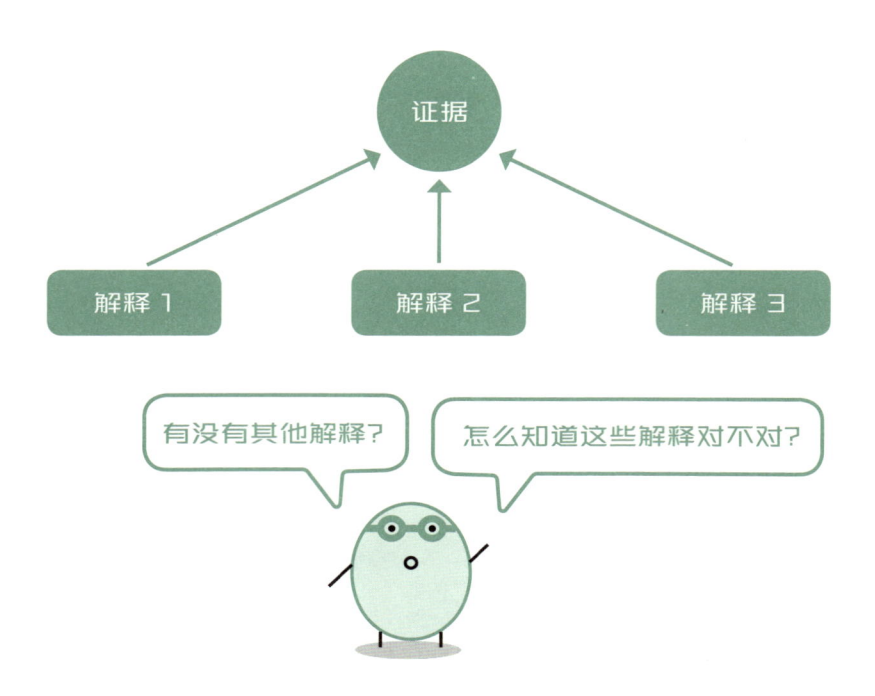

解释 1　　解释 2　　解释 3

有没有其他解释？

怎么知道这些解释对不对？

这样评估和改进观点 -2
看现有证据有哪些其他解释，进一步做研究来检验，找出得到充分证据支持的观点。

现在，你知道科学家怎么评估和改进观点了，那么，咱们看看怎么教孩子这样做。

怎么教孩子评估和改进观点？

来看看下面这节课。

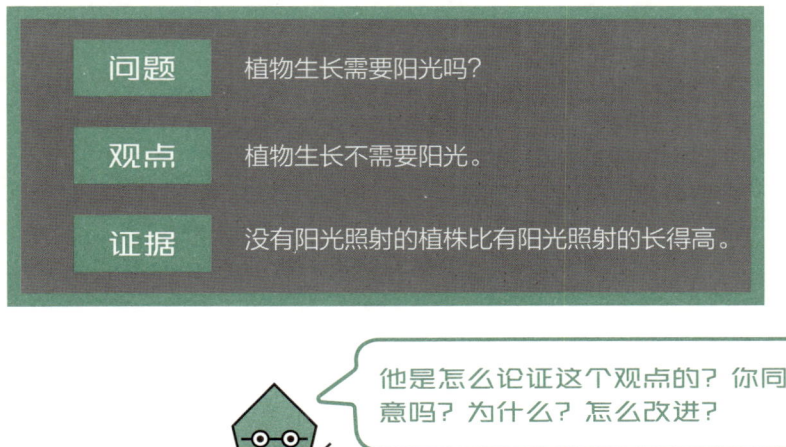

课堂 1

问题	植物生长需要阳光吗?
观点	植物生长不需要阳光。
证据	没有阳光照射的植株比有阳光照射的长得高。

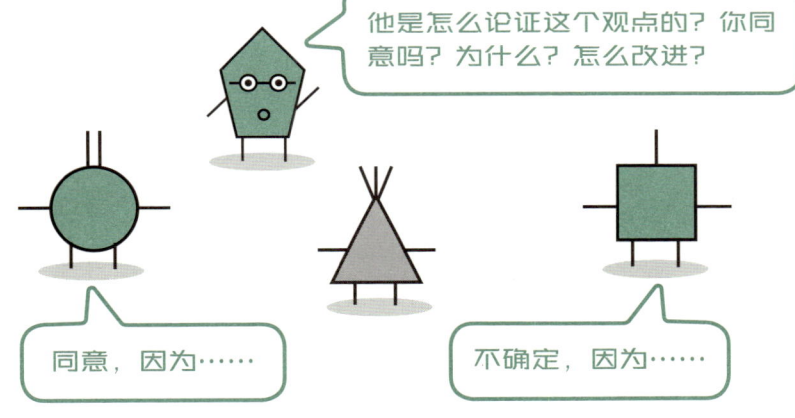

他是怎么论证这个观点的?你同意吗?为什么?怎么改进?

同意,因为……

不确定,因为……

这是让孩子对已有的观点的论证进行评估,并说明想法。这样,孩子有机会经历自己评估一个观点并找出改进之处的过程。

基础教法 | 提供机会
让孩子对观点的论证进行评估,找出可能的缺陷和不足,提出改进办法。

可是,如果孩子缺少评估观点的经验,他们可能并不知道从哪些角度入手。

这时,我们可以怎么做?

像科学家一样思考：怎么做？怎么教？

一起来看看这节课。

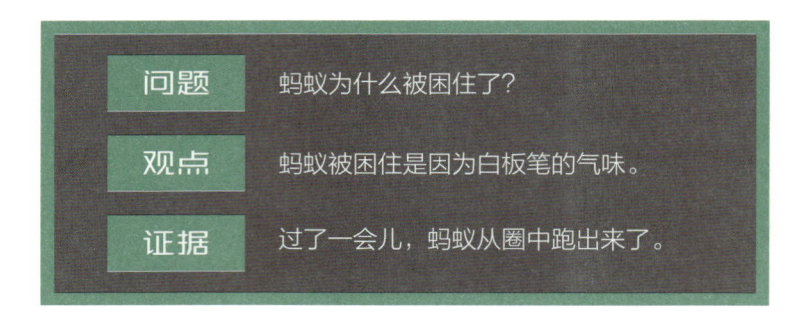

课堂 2

问题	蚂蚁为什么被困住了？
观点	蚂蚁被困住是因为白板笔的气味。
证据	过了一会儿，蚂蚁从圈中跑出来了。

一起讨记学习单上的问题。

1. 这个证据能说明这里的观点吗？为什么？还需要哪些证据？
2. 除了这里写的观点，这个证据还能怎么解释？
3. 你还见过哪些相关的结果？那些结果和这个观点符合吗？

这是给孩子一些问题，引导他们从证据、其他解释、相关结果等方面评估观点。这样，孩子能了解从哪些方面去评估一个观点，并逐渐学会自主进行有关思考。

支持帮助

基础教法　提供引导性问题，告诉孩子可以从哪些方面评估观点。

当孩子有了一些评估观点的经验后，我们希望孩子能够理解为什么要从这些方面去评估，以及什么是科学的观点。

要怎么做呢？再来看看下面一节课。

论证观点——回答提出的问题

🖥 课堂3

回顾一下咱们评估过的观点。

你们觉得这些观点对吗？原因是……

一起归纳几条判断标准：

科学观点的判断标准

- 有充分的证据支持。
- 获得证据的实验严谨。
- 排除了其他可能的解释。

💡 孩子评估一个观点对不对时给出的理由暗含着他们的判断标准，这里老师让他们将标准提炼出来。

进阶教法　**回顾提炼**
带孩子回顾自己评估观点的经验，从给出的理由中提炼出科学观点的判断标准。

💡 要在孩子有了一定评估观点的经验之后，再用这个进阶教法。

像科学家一样思考：怎么做？怎么教？

现在，咱们来回答前面提出的问题：

怎么教孩子评估和改进一个观点？

基础教法

基础教法

孩子有一定经验之后

进阶教法

提供机会
让孩子对观点的论证进行评估，找出可能的缺陷和不足，提出改进办法。

支持帮助
提供引导性问题，告诉孩子可以从哪些方面评估观点。

回顾提炼
带孩子回顾自己评估观点的经验，从给出的理由中提炼出科学观点的判断标准。

论证观点——回答提出的问题

评论区

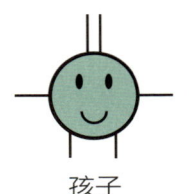

孩子： 原来不是有个证据支持结论就算正确了。以前觉得结论和书上一样就行了，以后要多想想才行呀，看看证据充不充分，有没有其他观点也可能是正确的。

老师： 很早之前就听说"科学要质疑"，可从来不知道什么时候质疑、怎么质疑、怎么教孩子质疑……。现在我明白了，质疑精神不是跟孩子说说就行了，需要在论证中培养，而且是存在有效的办法的。

你的思考

像科学家一样思考：怎么做？怎么教？

教学脚手架

🔧 根据结果得出结论
- 根据这些结果，你可以得出什么结论？
- 这个结论是怎么得来的？
- 你为什么相信这个结论，理由是什么？

🔧 评估证据是否充分
- 这个证据能说明这个观点吗？为什么？
- 接受这个观点，还需要哪些证据？

🔧 考虑其他可能的观点
- 有没有不同的观点也能解释这个结果？这些观点对不对？为什么？

🔧 引导孩子分享、拓展、说清自己的想法
- 给你一分钟，和旁边的同学聊一聊这个问题，然后跟大家说说你是怎么想的。
- 你觉得呢？（等一小会儿，让孩子想想。）

- 你还想说点什么？你说的××是什么意思？能举个例子吗？
- 我看看有没有理解你的意思。你是在说××（转述孩子说的话）吗？

🛠 引导孩子注意和倾听别人的想法
- 谁能告诉我刚刚这位同学说了什么？
- 你能用自己的话解释这位同学的想法吗？

🛠 引导孩子更深入地思考
- 你为什么这样认为？你的证据是什么？你是怎么得到这个结论的？是什么让你这么想的？
- 这个想法在任何情况下都成立吗？有没有什么例子和这个想法不同？如果在××的情况下，还成立吗？

🛠 引导孩子和其他人一起思考
- 你同意他的想法吗？为什么？你的想法和他的是否一样？哪里不一样？
- 听了这位同学的说法，你想到了什么？你们有没有进一步的想法？
- 谁能解释一下她说的内容？你觉得她是如何论证的？

误解与澄清

✗ **学生只要能说出结论就可以了。**

完成一个探究之后，很多老师会让学生说出自己的结论。事实上，仅仅说出结论是不够的。我们发现，很多学生虽然收集了多个证据，也知道探究的结论是什么，但是不知道这个结论能有哪些证据的支持，为什么没有采纳结论之外的观点，没有建立证据和结论之间的关系。在课堂上，我们需要让学生说出结论是怎么来的，相应的证据有哪些，为什么这些证据支持这个结论。

✗ **有证据支持的观点就是科学的。**

科学知识依赖于证据的支持。要检验一个观点是不是科学的，我们需要证据。这让很多老师觉得有证据支持的观点就是科学的。事实上，这是不对的。如果得出某个证据的研究方法本身存在严重缺陷，或者证据不够充分，那么这个观点就不一定是科学的。

论证观点——回答提出的问题

关于这一部分，你有什么新认识、新问题？
写下来，分享给更多人，我们一起来探讨。

教学设计
——为科学思维而教

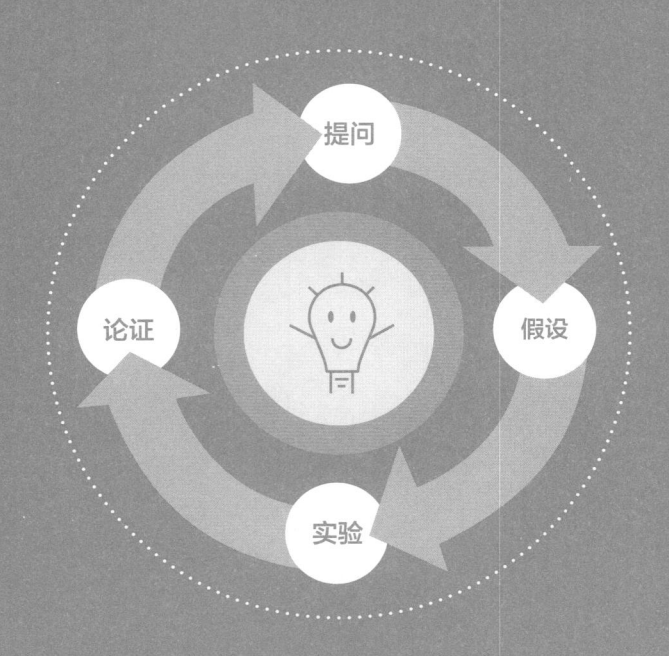

10 "做什么样的探究，孩子能学习科学思考？"
——搞懂自然现象

还记得吗？在这本书一开始咱们提到，为了搞清楚自然是怎么回事，科学家经历了一系列探究过程：

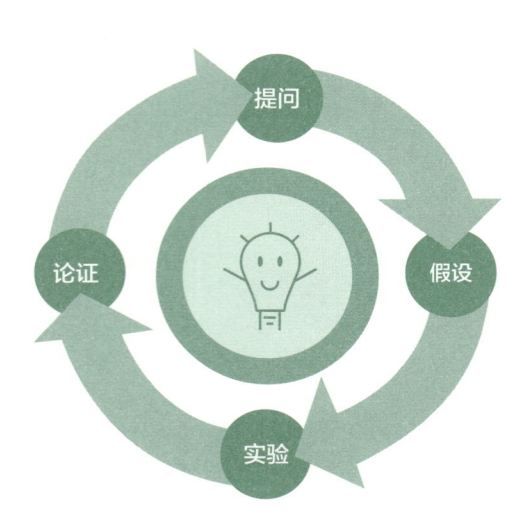

提问 → 假设 → 实验 → 论证

针对每个探究要素，咱们一块儿琢磨了两个问题：

> **前情提要**
> 1. 科学家怎么思考？
> 2. 怎么教孩子这样思考？

搞懂了这些内容，你是不是跃跃欲试，想在自己的课上教孩子科学思考？

> 第 X 节
> XXXXXXXXX

> 这节课，老师教你们科学思考！

科学思考是一种本事，这种本事要在探究过程中才能学到。

那么，问题来了：

> 做什么样的探究，孩子能学习科学思考？

> 一块儿琢磨下！

和前面一样，咱们通过分析课堂上具体的例子来回答问题。

像科学家一样思考：怎么做？怎么教？

🔲 课堂

这个例子里关于"植物向光生长"老师是这么讲的：

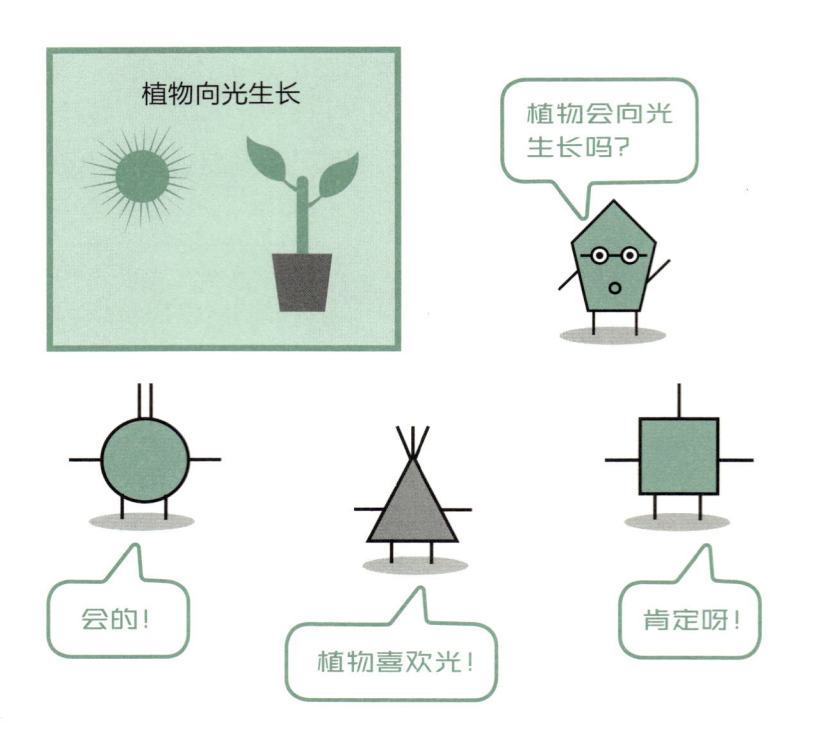

植物向光生长

植物会向光生长吗？

会的！

植物喜欢光！

肯定呀！

做实验检验假设：

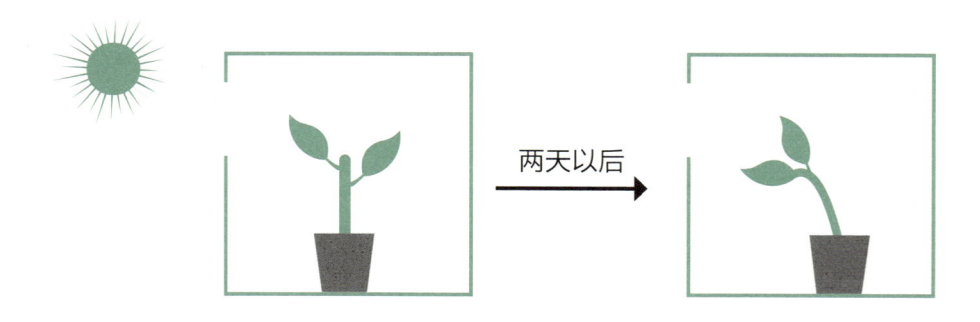

两天以后

有了结论，学生也得到了知识：

> 我们得到的知识是：

植物向光生长。

再用新学的知识解释现象：

黄山迎客松歪着长
森林里树的南面更加茂盛

> 怎么解释这些现象？

看过本书前面的内容，你一定意识到了，这样教，孩子没有机会自己思考。老师的教学方法需要改改才行。

怎么改？先来一起思考几个新问题。

1. 现象在探究中的作用是什么？
2. 整个探究的目的是什么？
3. 这个目的是怎么实现的？

像科学家一样思考：怎么做？怎么教？

❓ 现象在探究中的作用是什么？

这节课里的现象是：

　　　　黄山迎客松歪着长
　　　　森林里树的南面更加茂盛

老师让孩子用"植物向光生长"这个知识来解释这些现象，所以此时，现象在探究中的作用是

> "应用知识的例子"。

做这样的探究，孩子能学会科学思考吗？
再接着想一想。

❓ 整个探究的目的是什么？

这节课一开始，老师提出了问题：

教学设计——为科学思维而教

植物向光生长

植物会向光生长吗?

这个问题，就是在"植物向光生长"这个知识点后面加上了问号。
接着，老师做了实验，检验知识点对不对。

得到的结果支持了这个知识点。

这些都是在告诉孩子，知识点是正确的。
无论是提问、实验，还是得出结论，都是把孩子引向这个知识点。
所以，整个探究的目的是

"学习一个知识点"。

像科学家一样思考：怎么做？怎么教？

我们再梳理一下下面这个问题。

> **?** 整个探究的目的是怎么实现的？

学习知识点，是通过

> "提出问题—给出答案—验证答案"。

回顾整个过程，做这样的探究，孩子能学会科学思考吗？
不能！在这样的课上，探究是假的！

现象在探究中的作用是什么？
> 应用知识的例子。

整个探究的目的是什么？
> 学习一个知识点。

这个目的是怎么实现的？
> 提出问题—给出答案—验证答案。

㊀

那怎样做才算真探究？孩子做了怎样的探究后能学会科学思考呢？
咱们再看一个例子。

例子

主题还是"植物向光生长",看看是怎么探究的。

观察到一个现象:

> 幼苗歪向窗户了。

是偶然的吗?

再拿一盆竖直生长的幼苗放置窗边。

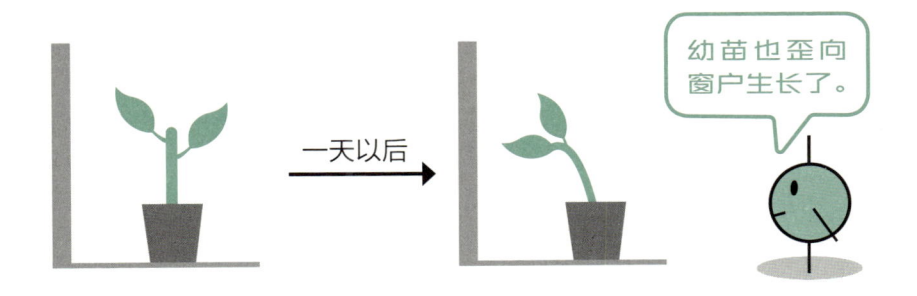

一天以后

> 幼苗也歪向窗户生长了。

提出一个问题:

> 为什么幼苗歪向窗户生长?

像科学家一样思考：怎么做？怎么教？

观察一下，找找线索。

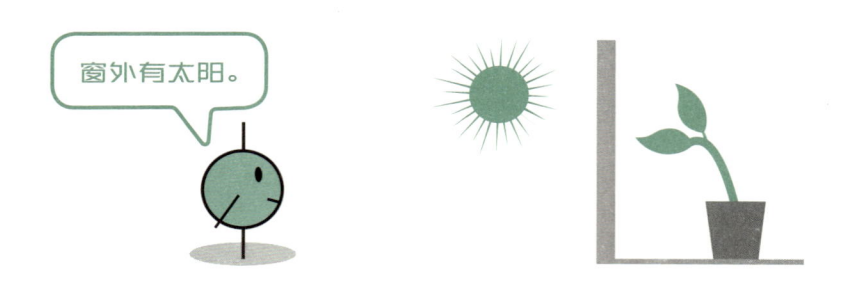

窗外有太阳。

想到一个假设：

幼苗向着太阳生长。

这说得通，可怎么知道是不是这样呢？做个实验检验下。实验的思路是这样的：

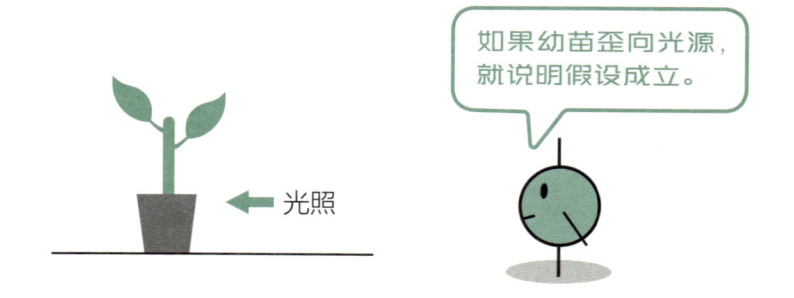

光照

如果幼苗歪向光源，就说明假设成立。

教学设计——为科学思维而教

具体怎么做呢？

在幼苗旁边点亮灯泡，当作太阳。

结果是这样的：

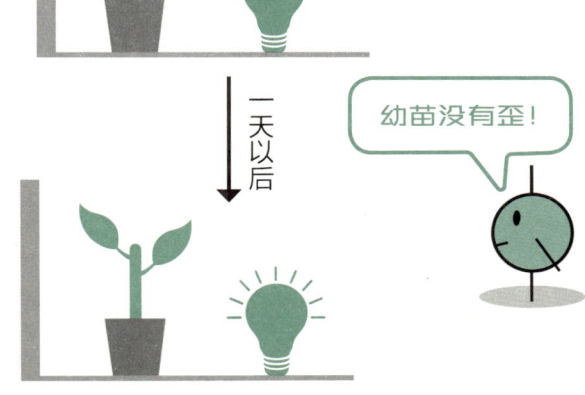

一天以后

幼苗没有歪！

根据结论得出结论：

幼苗歪向窗户，不是因为向着太阳生长。

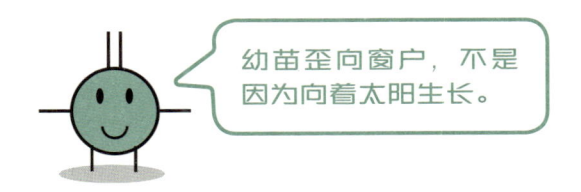

这个结论对吗？要想想实验有没有毛病。

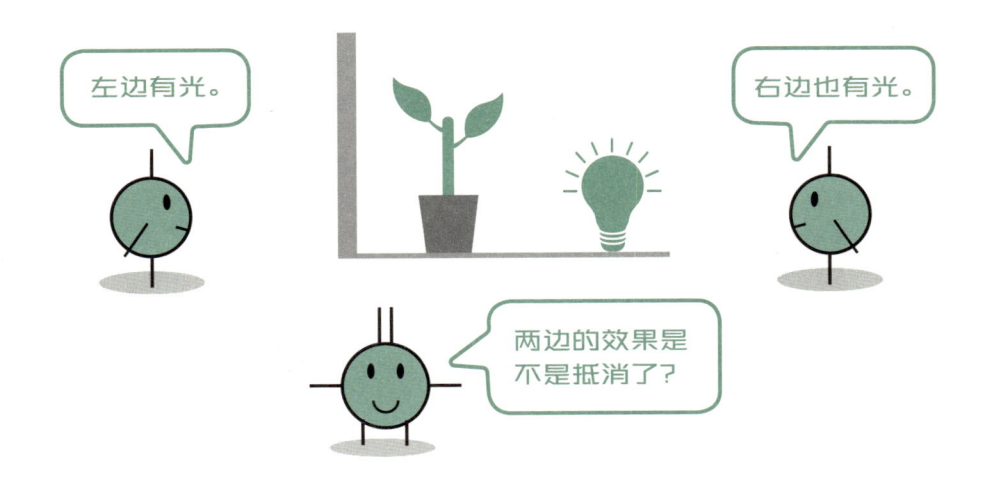

左边有光。

右边也有光。

两边的效果是不是抵消了？

像科学家一样思考：怎么做？怎么教？

发现了实验没有控制好干扰因素，得改进一下。

在黑暗的房间里，
只点亮一个灯泡。

结果是这样的：

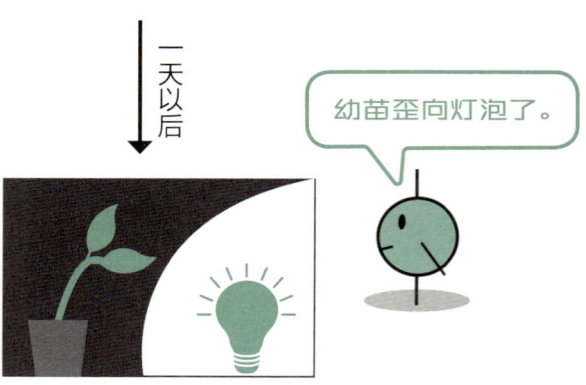

一天以后

幼苗歪向灯泡了。

根据结果得出结论：

幼苗歪向窗户，是因为向着太阳生长。

现在这个结论值得信服了吗？还是再看看实验本身有没有毛病。

实验用的是灯泡，结论说的是太阳！

再想个办法，用太阳当光源进行实验。

结果是这样的

一天以后

根据结果得出结论：

幼苗歪向窗户，是因为向着太阳生长。

现在，这个结论是不是比之前更值得信服了？

不值得信服 ——————————→ 值得信服

之前　　　现在

来，一起论证下探究得到的结论：

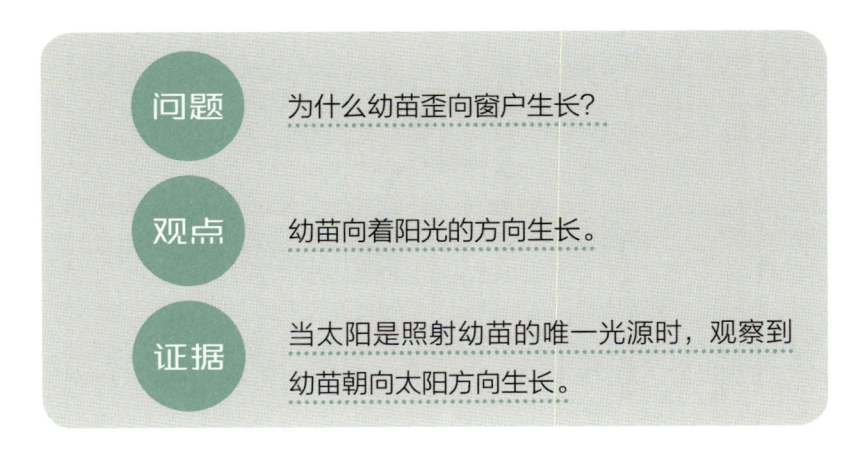

问题	为什么幼苗歪向窗户生长？
观点	幼苗向着阳光的方向生长。
证据	当太阳是照射幼苗的唯一光源时，观察到幼苗朝向太阳方向生长。

像科学家一样思考：怎么做？怎么教？

可探究并没有到此为止，从这个结论又可以提出新的问题：

幼苗是怎么知道哪边有阳光的？

怎么样？看完这个例子有什么感觉？
咱们还是用几个问题分析下这个探究的例子：

1. 现象在探究中的作用是什么？
2. 整个探究的目的是什么？
3. 这个目的是怎么实现的？

把这个例子梳理清楚了，这些问题自然就能回答了。
这个例子里的现象是：

幼苗歪向窗户了。

接下来的整个探究中的各个要素，都是为了搞清楚这个现象是怎么回事。

教学设计——为科学思维而教

提出问题，是在说明要搞清楚哪个现象。

为什么幼苗歪向窗户生长？

这样，孩子首先明确了自己

"想搞懂什么"。

作出假设，是给出一种可能的解释，猜想这个现象的成因可能是什么。

难道幼苗向着太阳生长？

这样，离搞清楚这个现象是怎么回事就又近了一步。
设计实验，是为了检验提出的假设是否正确。

像科学家一样思考：怎么做？怎么教？

评估和改进实验，是为了让结果更可靠，得出的结论更值得信服。

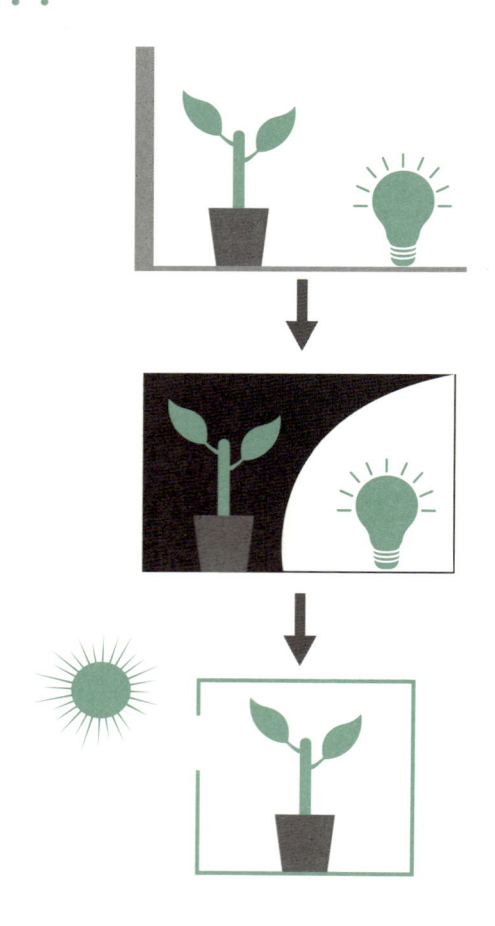

作出假设、设计实验、评估和改进实验，都是为了搞清楚这个现象是怎么回事。

用这些探究要素时，孩子思考的是

"怎么搞懂这个"。

论证观点，是把结论和证明结论的理由梳理出来，告诉别人自己对问题的回答是什么。

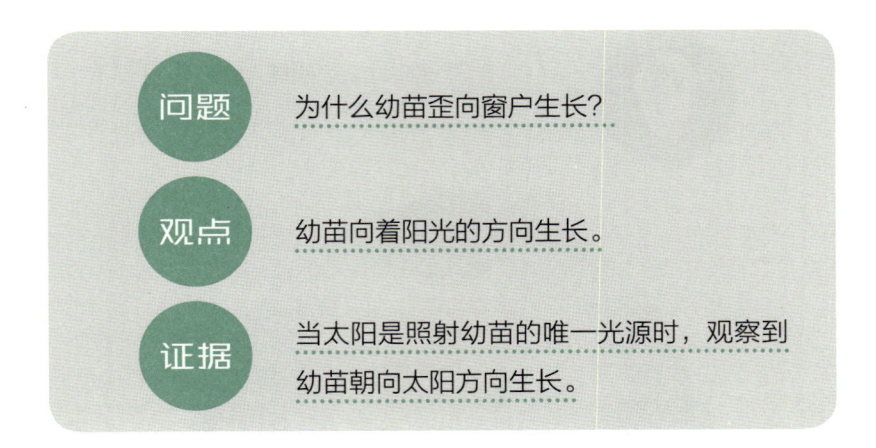

问题	为什么幼苗歪向窗户生长？
观点	幼苗向着阳光的方向生长。
证据	当太阳是照射幼苗的唯一光源时，观察到幼苗朝向太阳方向生长。

换句话说，孩子是在回答

"搞懂了什么"。

最后，又从结论出发，提出了新问题：

幼苗是怎么知道哪边有阳光的？

这时，孩子又像开始那样，提出

"想搞懂什么"。

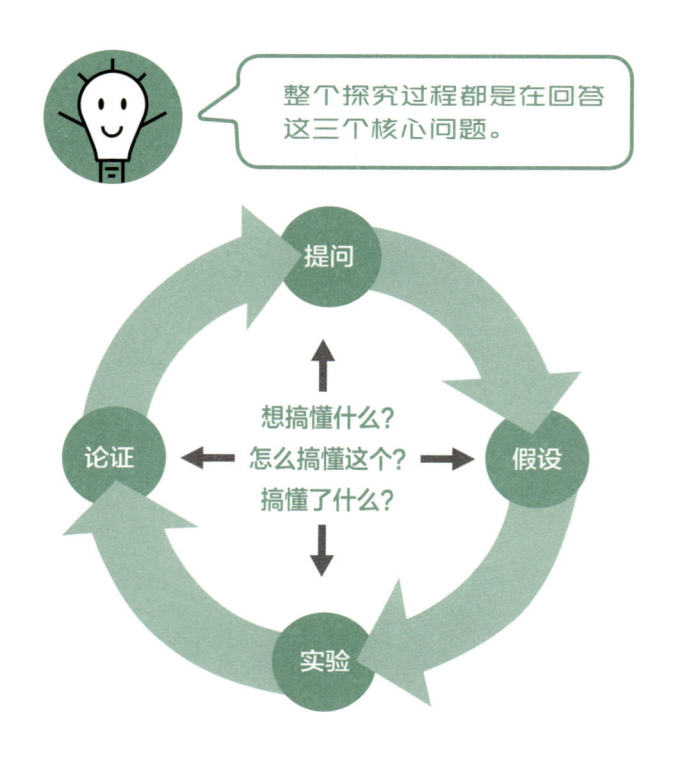

像科学家一样思考：怎么做？怎么教？

整个探究过程都是在回答这三个核心问题。

提问 → 假设 → 实验 → 论证 →（循环）

想搞懂什么？
怎么搞懂这个？
搞懂了什么？

现在，再来回答这几个问题：

现象在探究中的作用是什么？　　产生问题，驱动探究。

整个探究的目的是什么？　　搞清楚一个现象是怎么回事。

这个目的是怎么实现的？　　使用一系列探究要素。

教学设计——为科学思维而教

现在，你能回答一开始的问题了吗？

做什么样的探究，孩子能学习科学思考？

做这样的真探究，孩子才能学习科学思考！

现象在探究中的作用是什么？
产生问题，驱动探究。

整个探究的目的是什么？
搞清楚一个现象是怎么回事。

这个目的是怎么实现的？
使用一系列探究要素。

（真）

用一句话来总结：

㊁ 探究，学了 一个知识；

㊉ 探究，搞懂 一个现象。

像科学家一样思考：怎么做？怎么教？

咱们的目标是：

让真探究发生在课堂上！

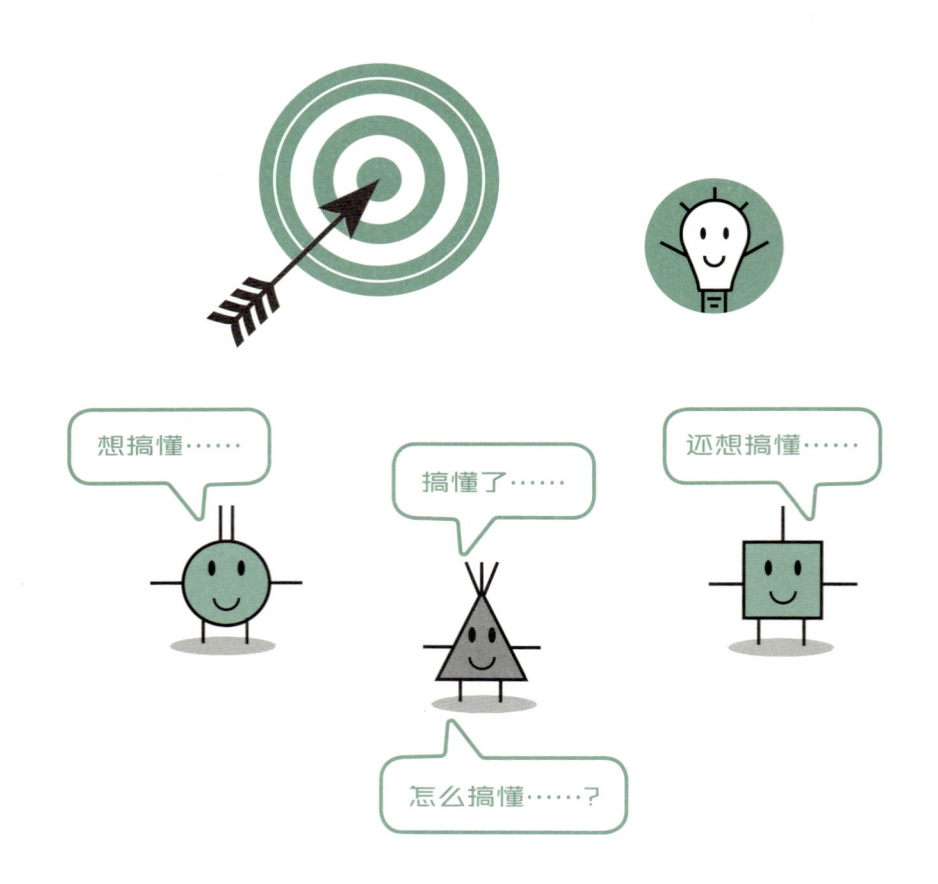

想搞懂……

搞懂了……

还想搞懂……

怎么搞懂……？

11

"为科学思维而教的课,可以是什么样的?"
——科学故事线

上回,咱们说到要让真实的科学探究发生在课堂上。

那么,问题来了:

> 真实的科学探究课是什么样的呢?
>
> 一块儿琢磨下!

先来看一个课堂上的例子。

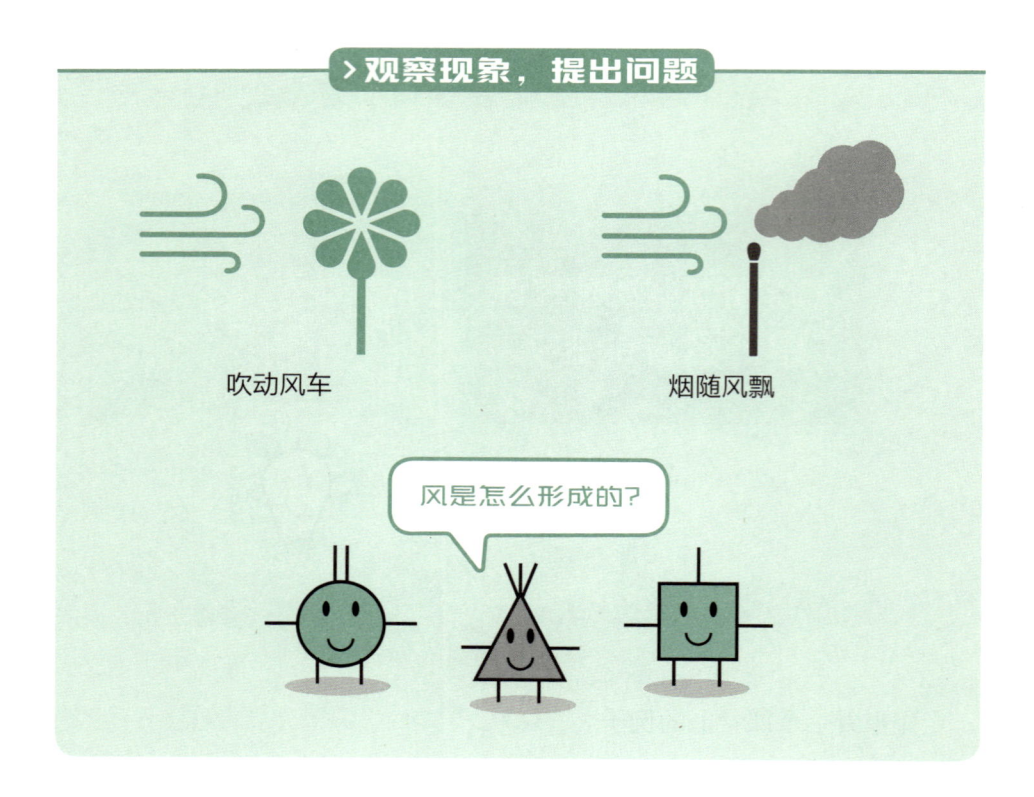

像科学家一样思考：怎么做？怎么教？

🔍 课堂

> **经历一个现象**

自然中，风是常见的现象。

> **观察现象，提出问题**

吹动风车　　　　　　　　烟随风飘

风是怎么形成的？

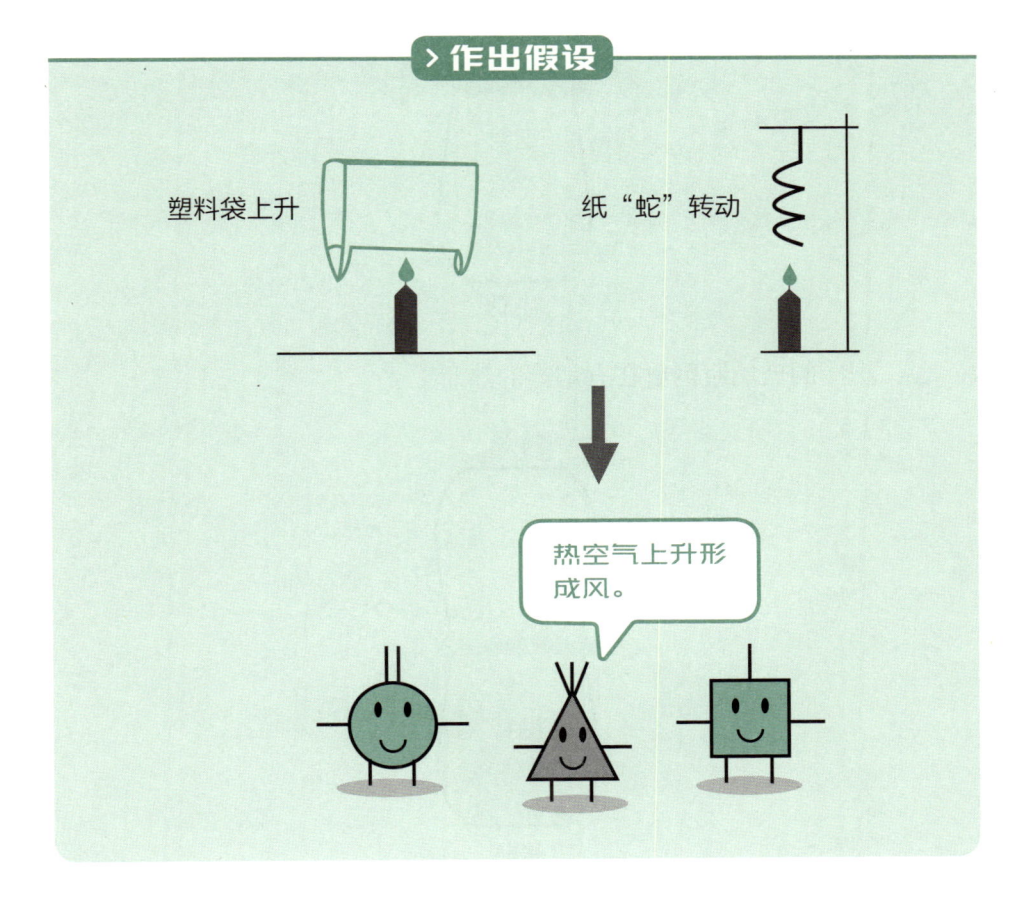

教学设计——为科学思维而教

> 明确一个观点

风是空气流动的现象。

> 作出假设

塑料袋上升　　　　　纸"蛇"转动

热空气上升形成风。

175

> 进行实验

1. 把两个相同的玻璃瓶分别放在盛有冷水和热水的盆中。

冷水　　热水

2. 在热的玻璃瓶中放入点燃的线香,然后用玻璃片盖住瓶口。

烟雾

热瓶

3. 把冷的玻璃瓶倒放在有烟雾的热瓶上。

冷瓶

烟雾

热瓶

4. 抽掉玻璃片,观察烟雾的流动。

> **实验结果**

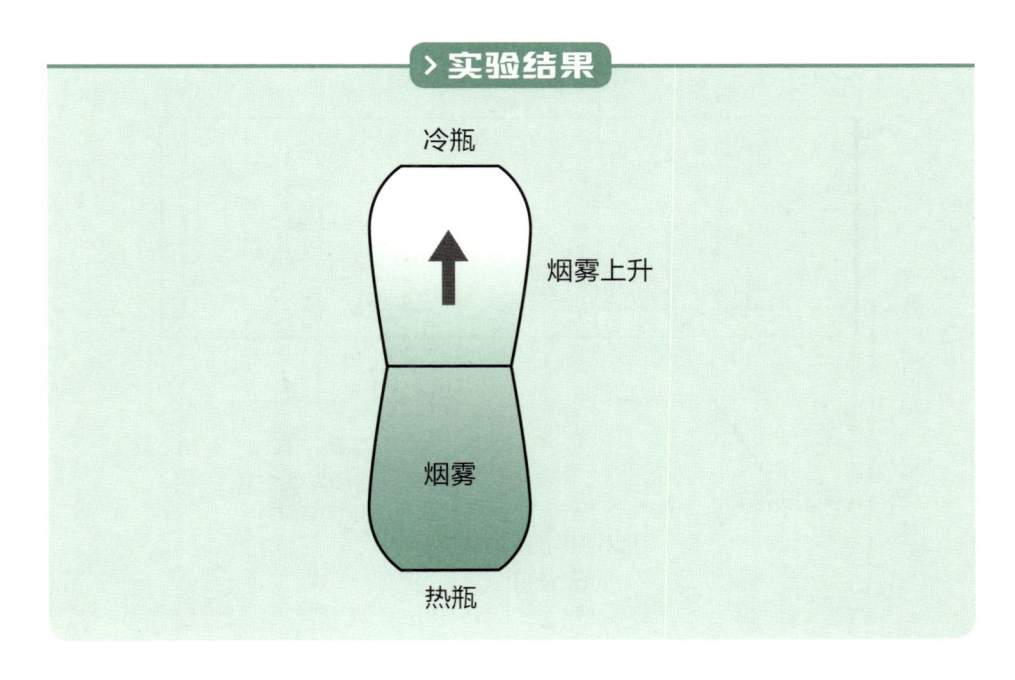

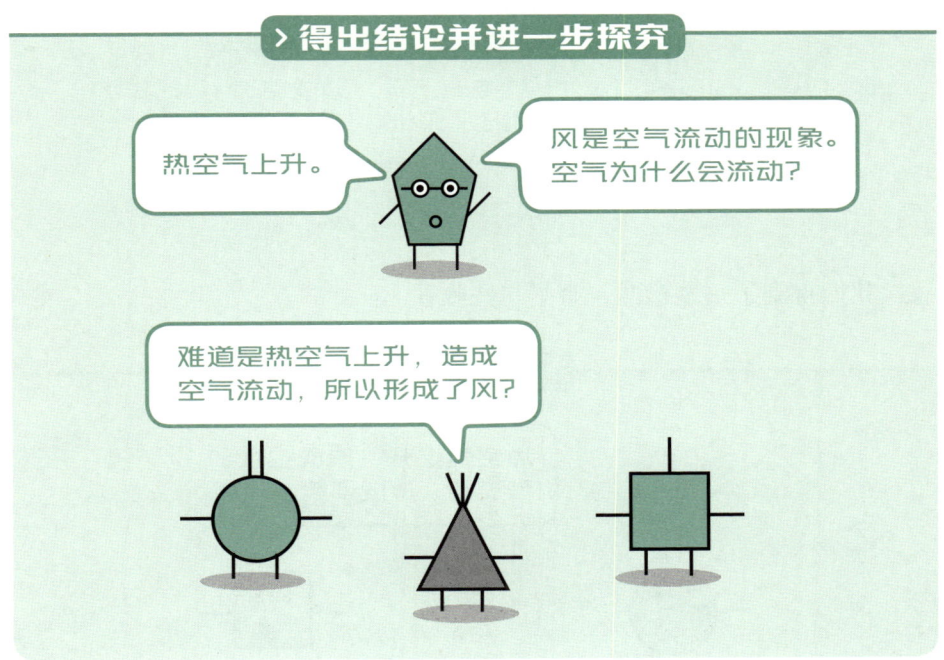

冷瓶

↑ 烟雾上升

烟雾

热瓶

> **得出结论并进一步探究**

热空气上升。

风是空气流动的现象。空气为什么会流动?

难道是热空气上升,造成空气流动,所以形成了风?

进一步做实验,检验这个想法。

像科学家一样思考：怎么做？怎么教？

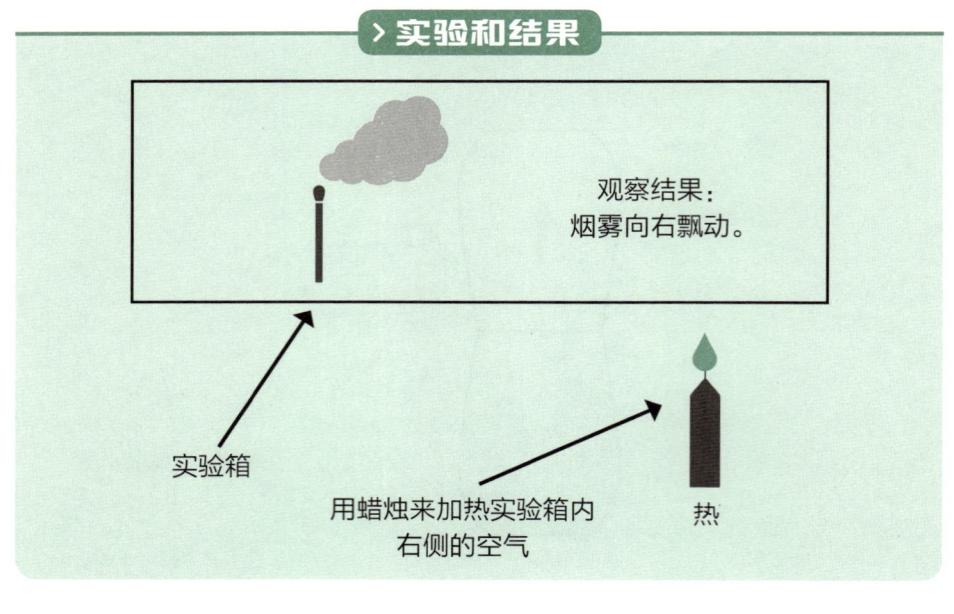

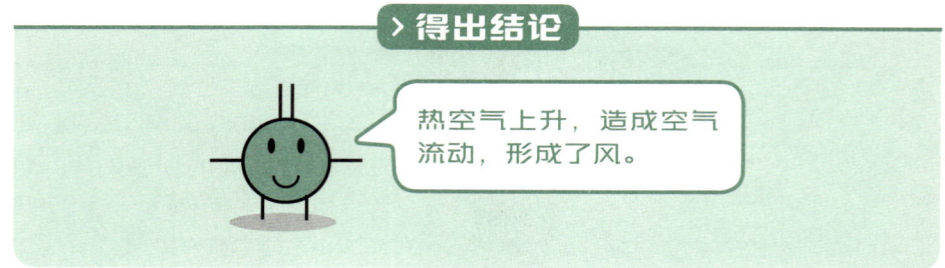

> **实验和结果**

观察结果：
烟雾向右飘动。

实验箱

用蜡烛来加热实验箱内右侧的空气

热

> **得出结论**

热空气上升，造成空气流动，形成了风。

我们得到了一些东西，有了一些收获。

> **科学知识**

热空气上升，造成空气流动，形成了风。

又提出了新问题。

> **新问题**
>
> 热空气上升,为什么风是水平方向的?

学生从经历的现象中提出问题,为了回答这个问题而探究。获得知识回答问题之后,又产生了新的问题,再进行探究来回答问题……

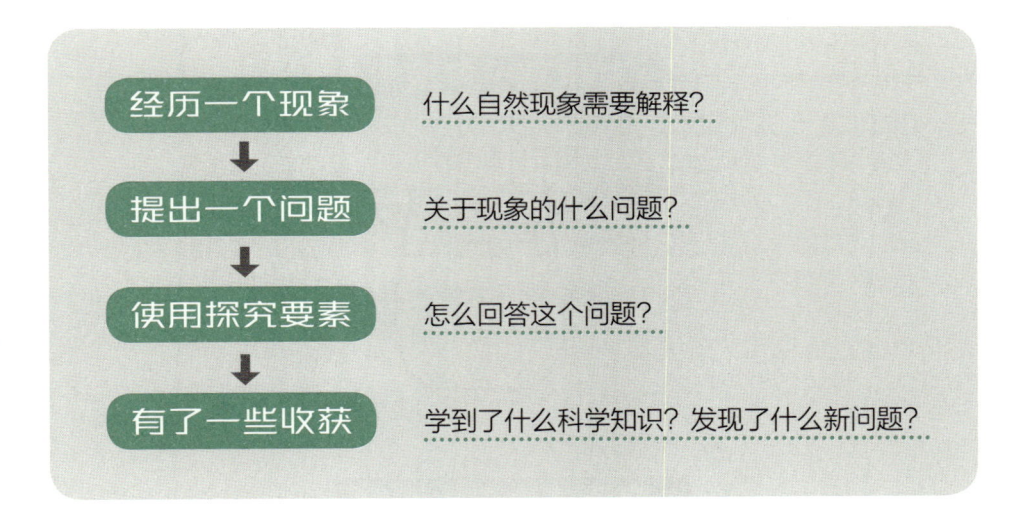

经历一个现象	什么自然现象需要解释?
提出一个问题	关于现象的什么问题?
使用探究要素	怎么回答这个问题?
有了一些收获	学到了什么科学知识?发现了什么新问题?

这个过程,就是一个解谜的过程。先设谜,再一点点解谜,破解了一部分谜团,又产生了新的谜题……

学生就像在一个故事里学习科学,参与的各项活动穿成一条线,叫作"科学故事线"。

像科学家一样思考：怎么做？怎么教？

用一张图表示一节课中的顺序：

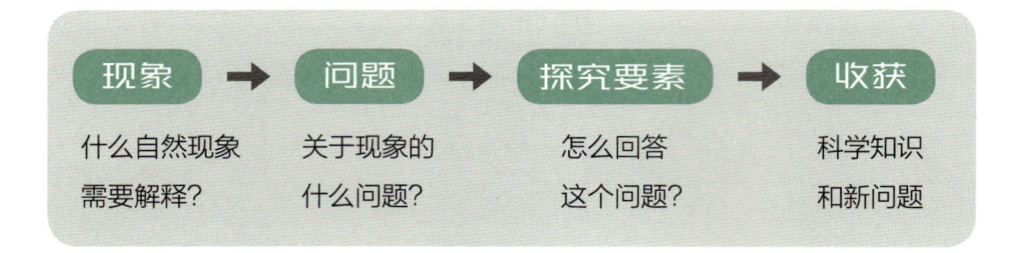

现象 → 问题 → 探究要素 → 收获

什么自然现象需要解释？　关于现象的什么问题？　怎么回答这个问题？　科学知识和新问题

在这样的课上，学生不是简单地学了一个知识，而是像科学家一样搞懂一个现象。

参照以上顺序，重新设计下"水蒸气变成水"这节课。

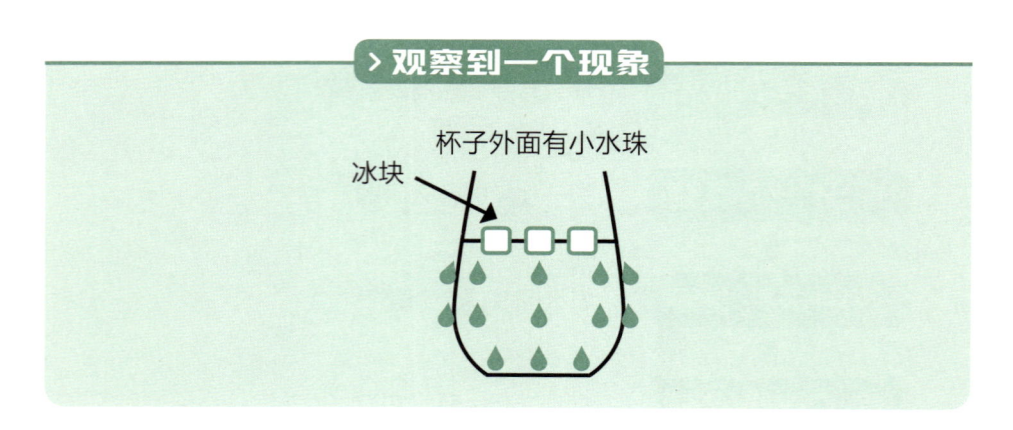

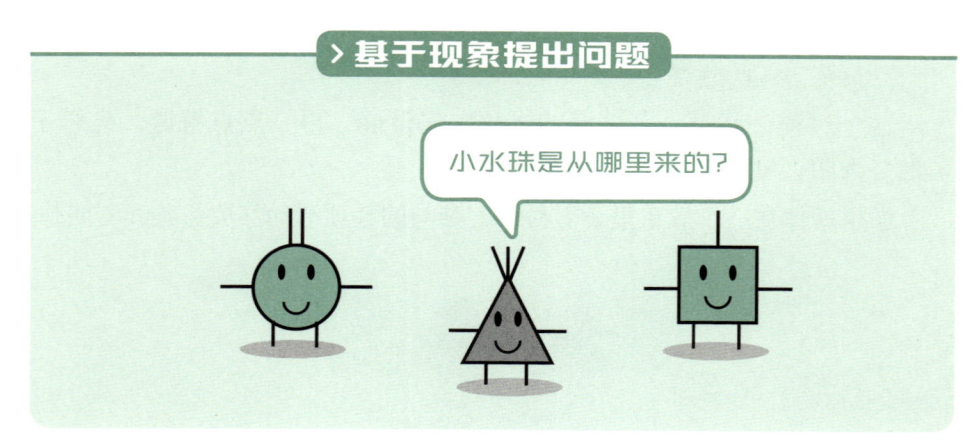

> 观察到一个现象

杯子外面有小水珠
冰块

> 基于现象提出问题

小水珠是从哪里来的？

教学设计——为科学思维而教

使用探究要素回答这个问题：

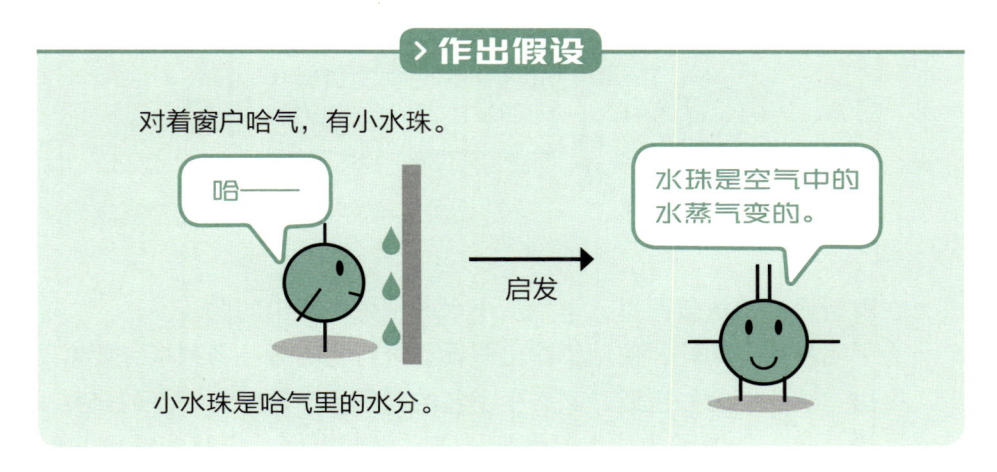

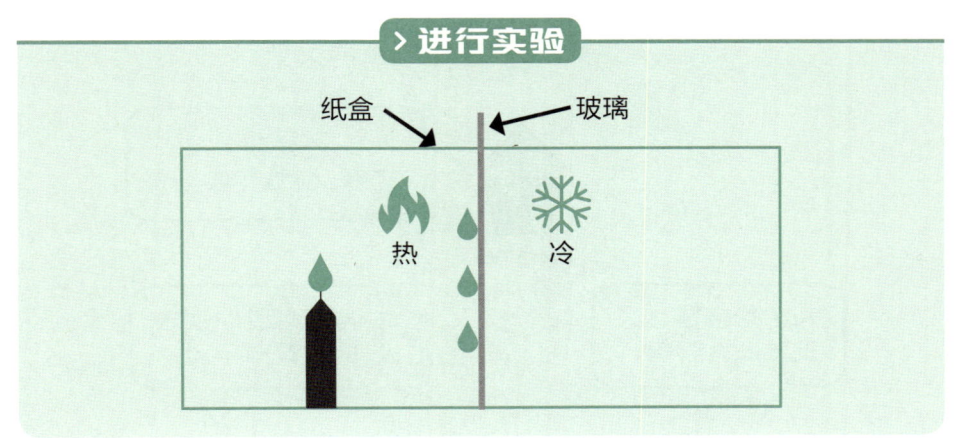

> **作出假设**

对着窗户哈气，有小水珠。

哈——

水珠是空气中的水蒸气变的。

启发

小水珠是哈气里的水分。

> **进行实验**

纸盒　　玻璃

热　　冷

我们有了一些收获：

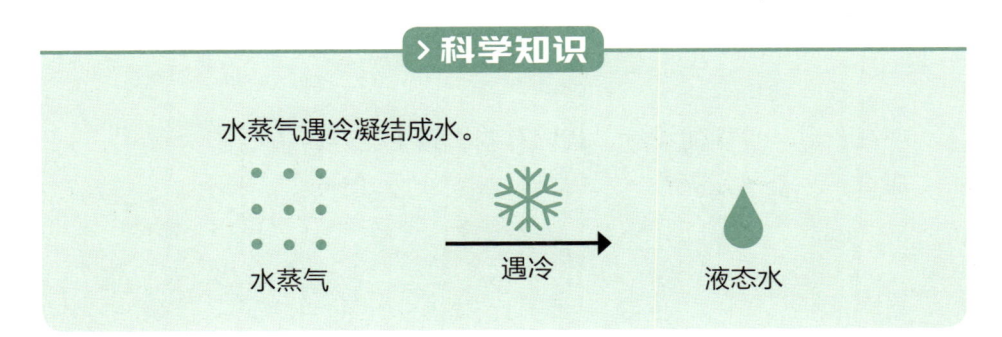

> **科学知识**

水蒸气遇冷凝结成水。

水蒸气　→　遇冷　→　液态水

181

像科学家一样思考：怎么做？怎么教？

> **新问题**

水蒸气变成水的过程中，内部发生了什么变化？

在重新设计的这节课里，学生从小水珠现象中提出问题。

为了回答这个问题，使用了作出假设、进行实验等一系列探究要素。

得出"液化"的知识后，又产生了新的问题，引发了进一步的研究。

这样，孩子知道了为什么要做他们正在做的事情，也就能够更好地参与到科学探究中，在探究中学习如何像科学家一样思考。

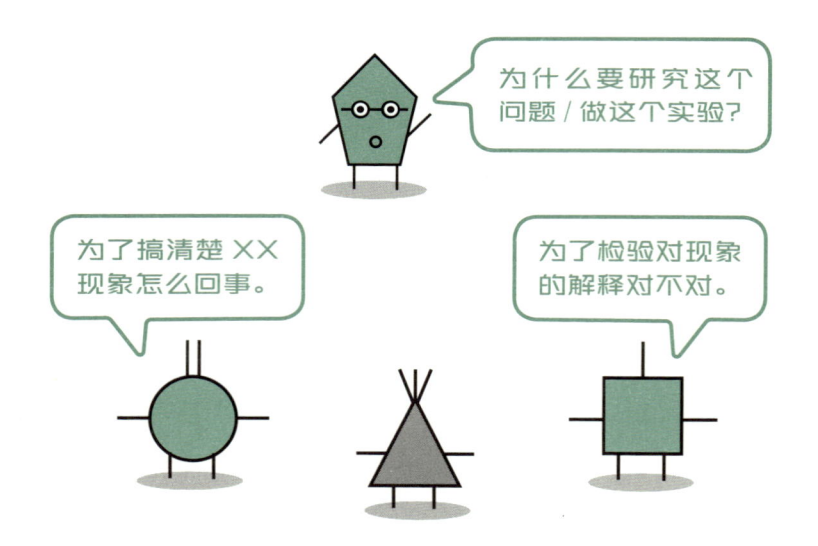

为什么要研究这个问题 / 做这个实验？

为了搞清楚 ×× 现象怎么回事。

为了检验对现象的解释对不对。

现在，对一节课的设计，我们有些思路了。

那么，一个单元呢？

教学设计——为科学思维而教

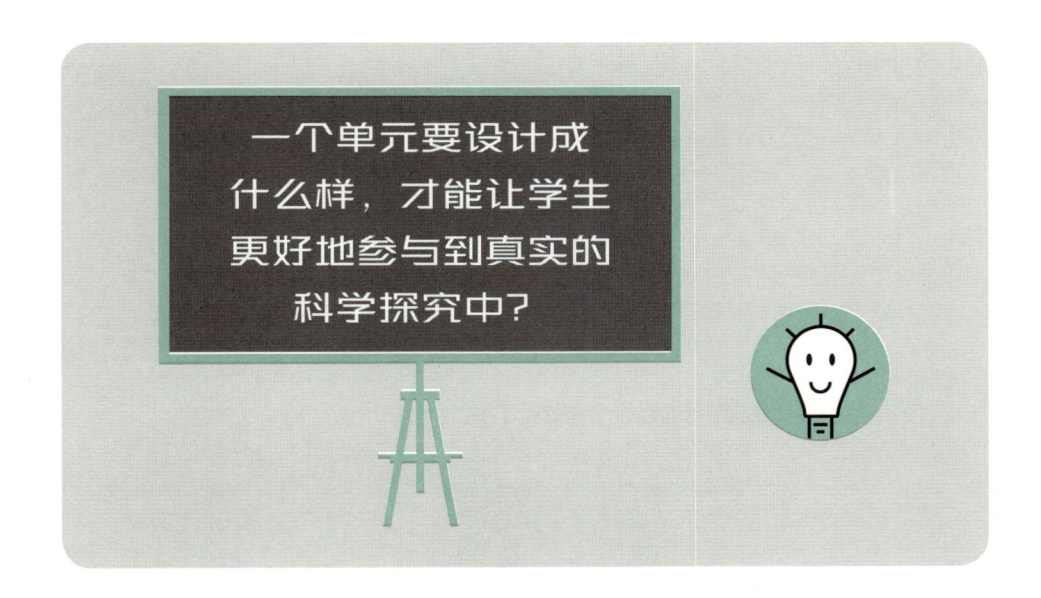

一个单元要设计成什么样，才能让学生更好地参与到真实的科学探究中？

在整个单元中，学生就像是要完成一个拼图。

每个小节做一点儿研究，就会得到其中一块。

像科学家一样思考：怎么做？怎么教？

后面的小节继续推进，得到一块又一块。

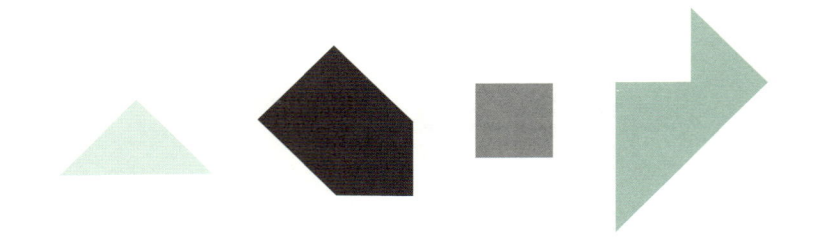

最后把所有的线索拼起来，破解了这个谜团。

怎么做呢？

你来思考一下吧！

误解与澄清

❌ **每节课上我都要带着学生经历全部的探究过程。**

为了认识一个自然现象，科学家确实要经历比较长的探究过程，有时甚至长达几百年。很多老师觉得，要做真探究，学生就要在每节探究课上经历全部的探究过程。事实上，这不现实，也没有必要。在一节课上，学生所有的探究过程都经历了一遍，有利于他们形成对探究的整体认识。但是，这样的经历不能有效地帮助学生学会如何提出问题、如何作出假设等。一节课上，我们可以聚焦一个探究要素，专门教学生如何做好这一件事。通过不同学段中的多节课，学生才能逐渐学会如何像科学家一样思考。

❌ **要教学生科学思考，我需要在科学课之外另开一门课。**

很多老师觉得科学课上主要就是教具体的科学知识，没有时间教学生科学思考。所以，要教科学思考，需要额外的时间，最好是再开一门课。事实上，虽然单独开设一门课教科学思考会有好处，但是，我们是可以在科学课上教学生科学思考的。通过科学思考，科学家发展出了科学知识。知识和思考是分不开的。我们需要在科学课上带着学生通过思考来发展科学知识，而不是科学课上只教知识，另一门课上只教思考。

❌ **学生做了探究，就自然能够学会如何科学思考。**

很多老师觉得，学生做了探究，在探究中提出了问题、作出了假设、进行了实验，就学会了如何科学思考。事实上，虽然探究的经验是学会科学思考的基础，但是，这并不意味着有了探究经验就能学会如何思考。科学家有特定的思考策略，这些思考策略能够帮助他们更好地提出问题、作出假设、进行实验，以便更好地认识自然现象。学生自己的思考策略和科学家的存在很多不同。要学会科学家的思考策略，学生需要在探究中专门学习，并接受老师的指导。就像你在这本书里看到的，在提出问题、作出假设、进行实验和论证观点等每项探究要素中，学生都需要学习一系列具体的策略。掌握这些策略不是一蹴而就的，而是需要各个击破，逐步熟练使用这些策略做好科学探究。

关于这一部分，你有什么新认识、新问题？
写下来，分享给更多人，我们一起来探讨。

跟我一起探究
——两个完整教学案例

前面,你学习了科学家如何提出问题、作出假设、进行实验和论证观点,也认识了有哪些教学方法可用来教孩子进行科学思考。在课堂上,孩子对自然现象的探究通常会涉及好几个探究要素,你要考虑将重点放在哪个或哪些要素上,使用哪几种教学方法来教孩子这样做。

在本书的最后部分,我将给你两个完整的教学案例,展示了一节课上老师可以怎么教孩子像科学家一样思考。在两个案例里,我试图说明在一个教学片段里,学生经历的科学思考的过程是什么,以及老师使用了哪些具体的教学方法。这些科学思考的过程和教学方法都是前面我们一起讨论过的。

这些案例能给你什么启发?如果是你,你会怎么教孩子在探究一个现象的过程中学习科学思考?希望你能带着这些思考阅读本书的最后两个完整教学案例。

像科学家一样思考：怎么做？怎么教？

案例1 植物怎么长歪了？

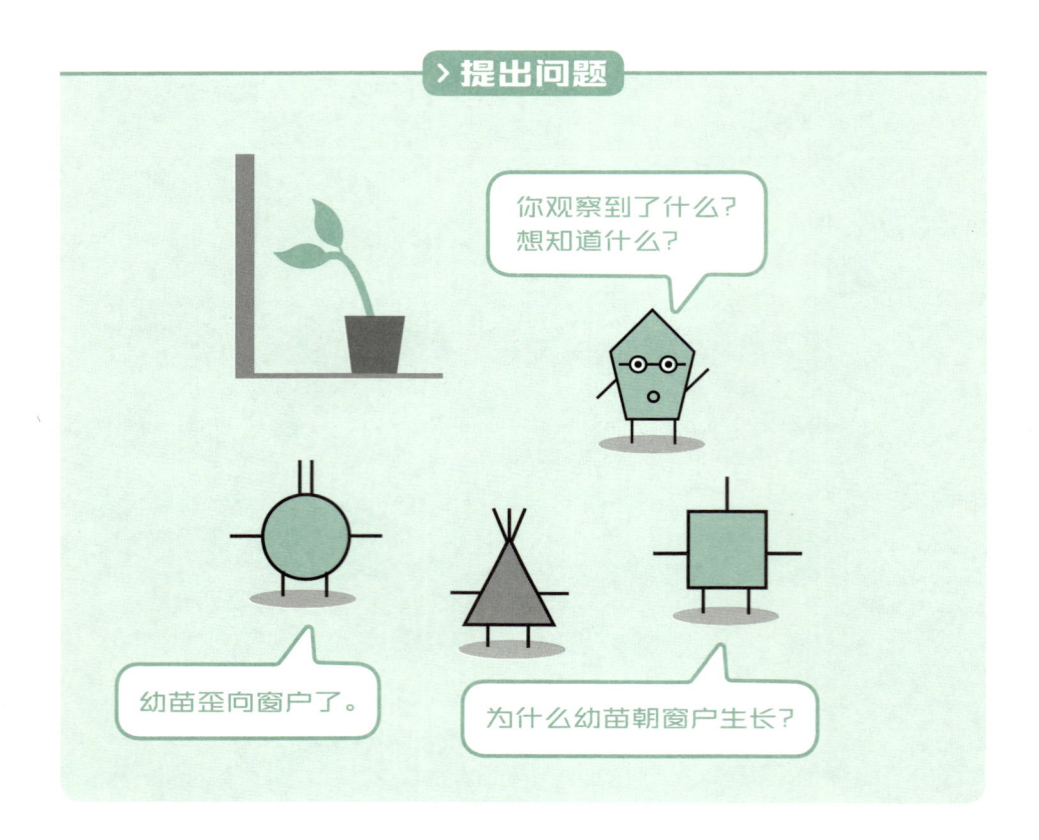

> 提出问题

你观察到了什么？
想知道什么？

幼苗歪向窗户了。

为什么幼苗朝窗户生长？

问题从这里来 –1

从对自然中物体的观察中来。

提供机会

基础教法　给孩子机会，从现象的观察中提出问题。

跟我一起探究——两个完整教学案例

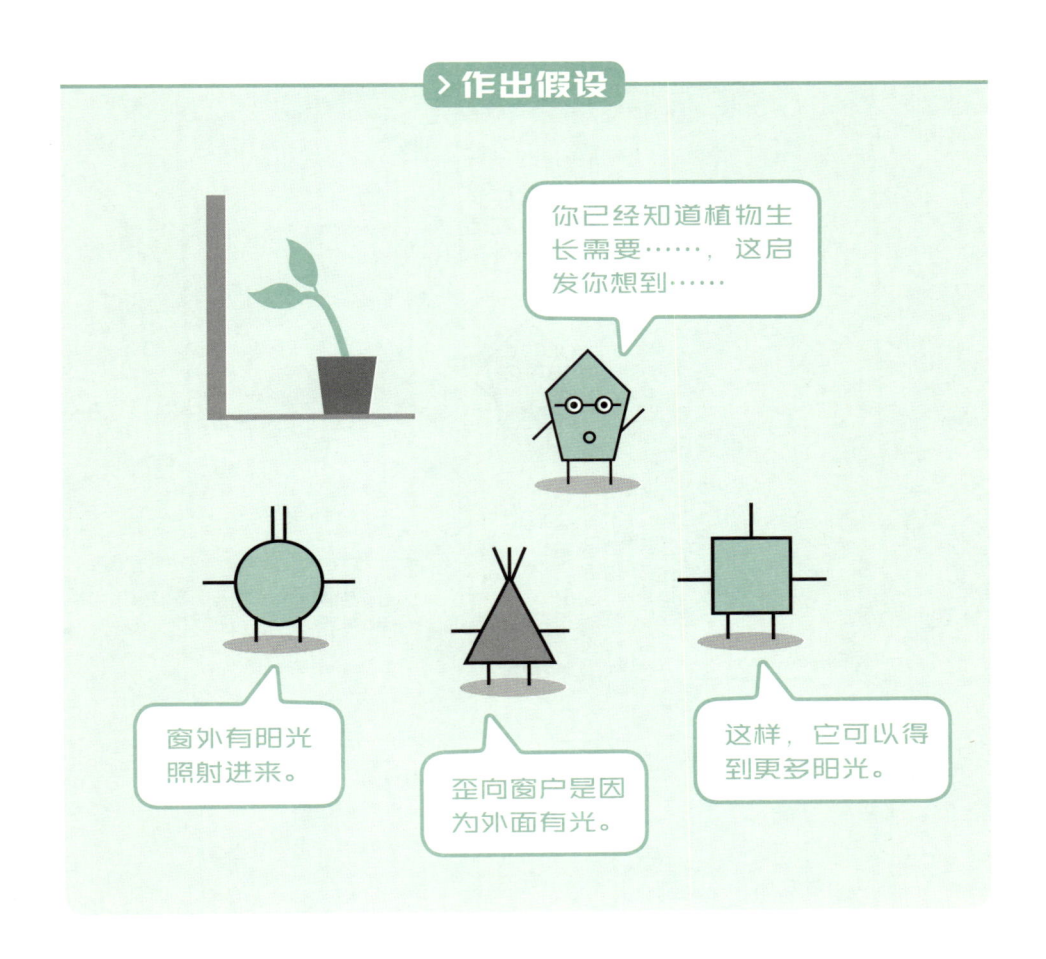

> **作出假设**

你已经知道植物生长需要……，这启发你想到……

窗外有阳光照射进来。

歪向窗户是因为外面有光。

这样，它可以得到更多阳光。

作出假设的线索 -3

针对研究对象进行的研究及相应结论。

支持帮助

基础教法 引导孩子们寻找相关线索，启发他们作出假设。

191

像科学家一样思考：怎么做？怎么教？

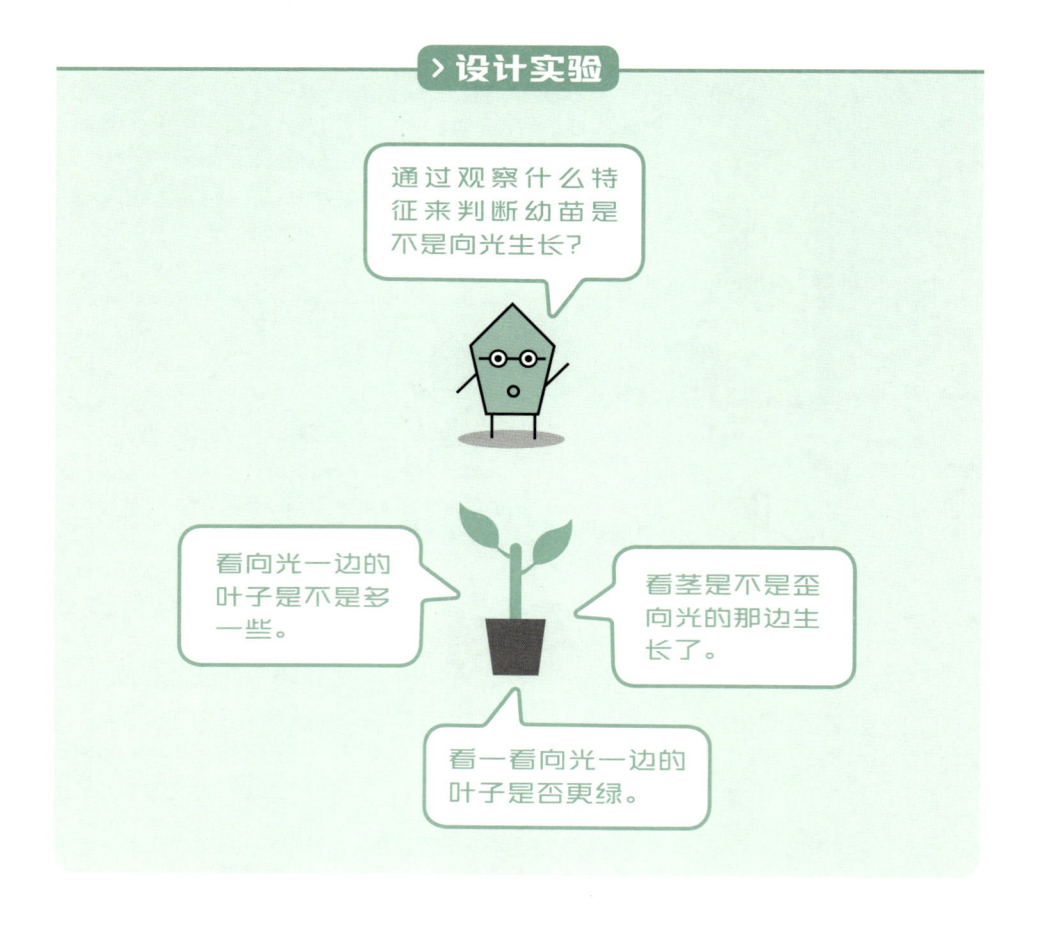

> **设计实验**

通过观察什么特征来判断幼苗是不是向光生长？

看向光一边的叶子是不是多一些。

看茎是不是歪向光的那边生长了。

看一看向光一边的叶子是否更绿。

这样设计实验 -1

思考选择研究哪些变量来检验这个假设。

支持帮助

基础教法 带孩子思考实验设计要解决的问题，得出实验方案。

跟我一起探究——两个完整教学案例

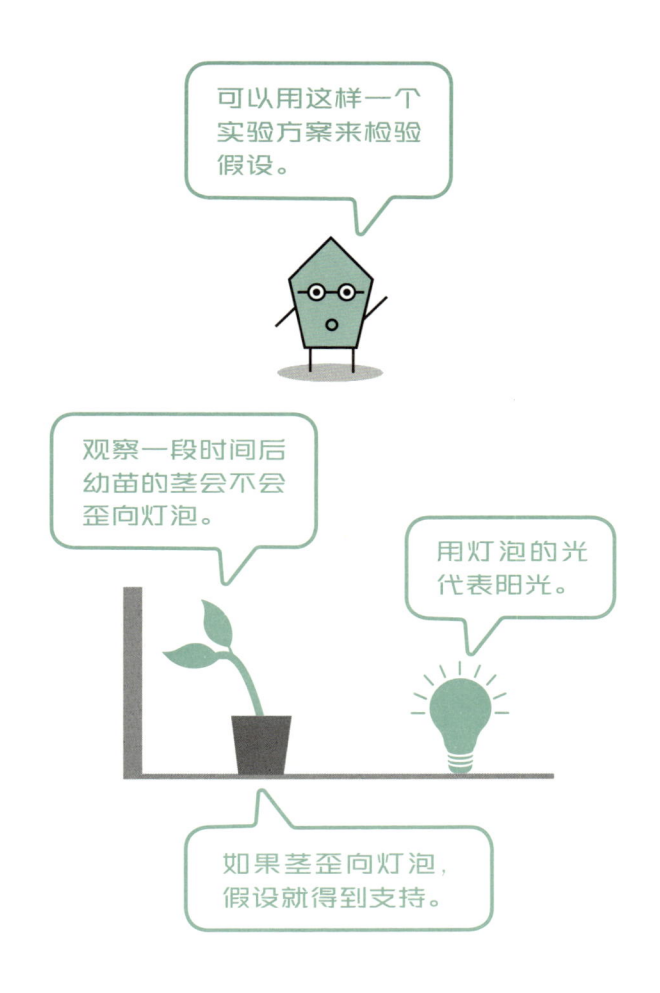

可以用这样一个实验方案来检验假设。

观察一段时间后幼苗的茎会不会歪向灯泡。

用灯泡的光代表阳光。

如果茎歪向灯泡，假设就得到支持。

这样设计实验 -2

思考怎么创设实验条件来检验这个假设。

讲解示范

基础教法　讲解实验方案为什么这样设计。

像科学家一样思考：怎么做？怎么教？

> 论证观点

| 证据 | ↔ | 假设 |

↓

结论

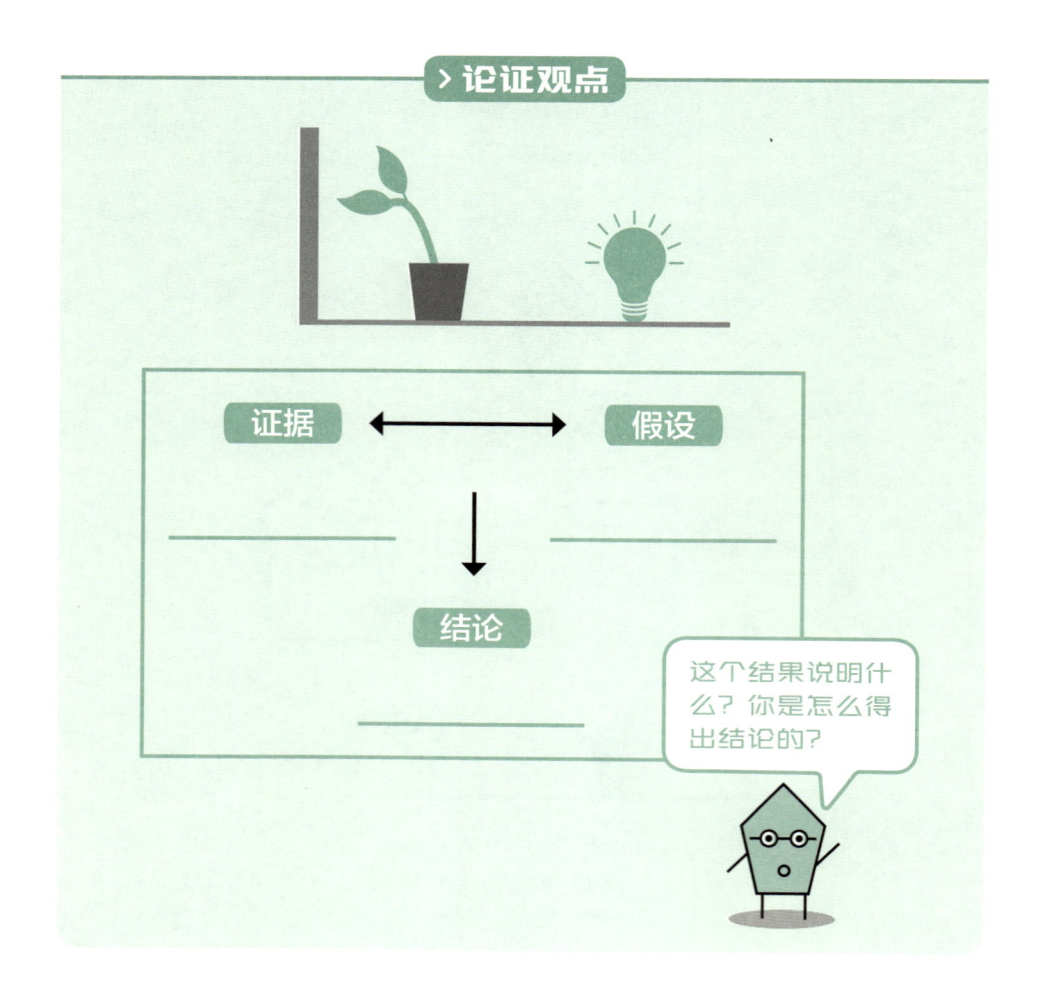

这个结果说明什么？你是怎么得出结论的？

这样论证观点 -1

把观察和实验结果当证据，从证据中得出结论。

基础教法

支持帮助

提供引导性图表，提醒孩子通过证据得出结论并论证观点。

评估和改进实验

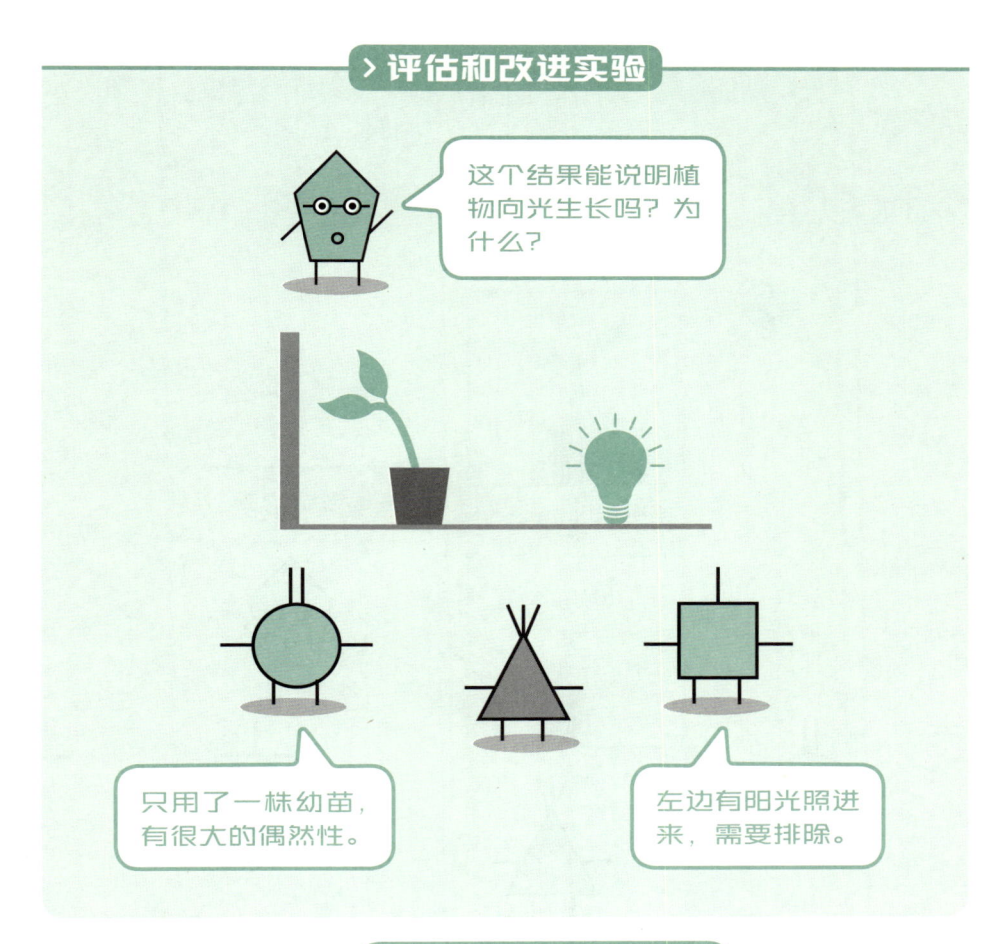

这个结果能说明植物向光生长吗？为什么？

只用了一株幼苗，有很大的偶然性。

左边有阳光照进来，需要排除。

这样评估和改进实验 -1
思考实验结果有没有假设之外的其他解释，可以怎么排除。

这样评估和改进实验 -3
评估并降低实验结果的偶然性。

支持帮助

基础教法　用问题引导孩子评估和改进实验方案。

像科学家一样思考：怎么做？怎么教？

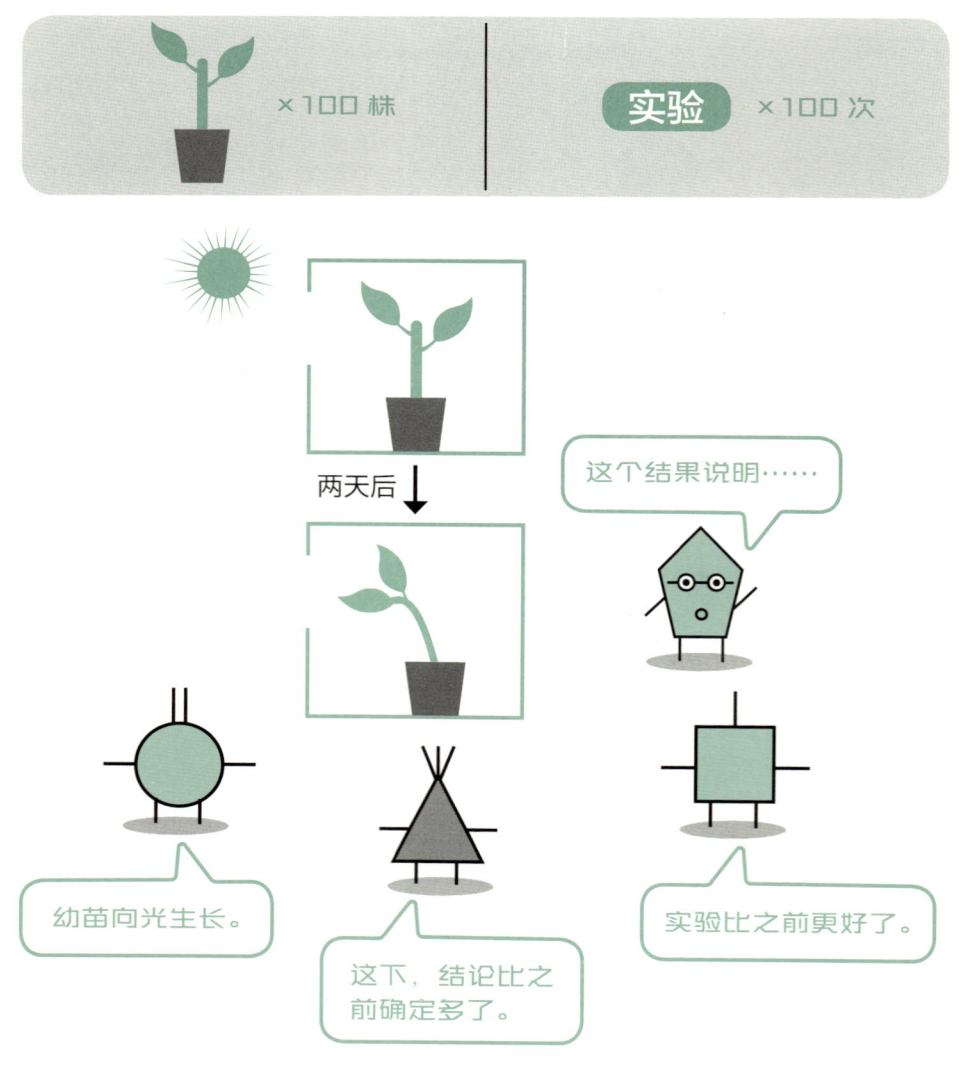

×100 株 | 实验 ×100 次

两天后↓

这个结果说明……

幼苗向光生长。

这下，结论比之前确定多了。

实验比之前更好了。

这样论证观点 -1

把观察和实验结果当证据，从证据中得出结论。

基础教法

提供机会

让孩子从证据中得出结论，论证自己的观点。

跟我一起探究——两个完整教学案例

> **提出问题**

从结论出发，是不是还能提出更多新问题？

结论 ⟶ 问题

幼苗向光生长。

幼苗怎么知道光在哪边？

哪个部位能够感知到光照？

植物内部发生了什么，才会歪向一边生长？

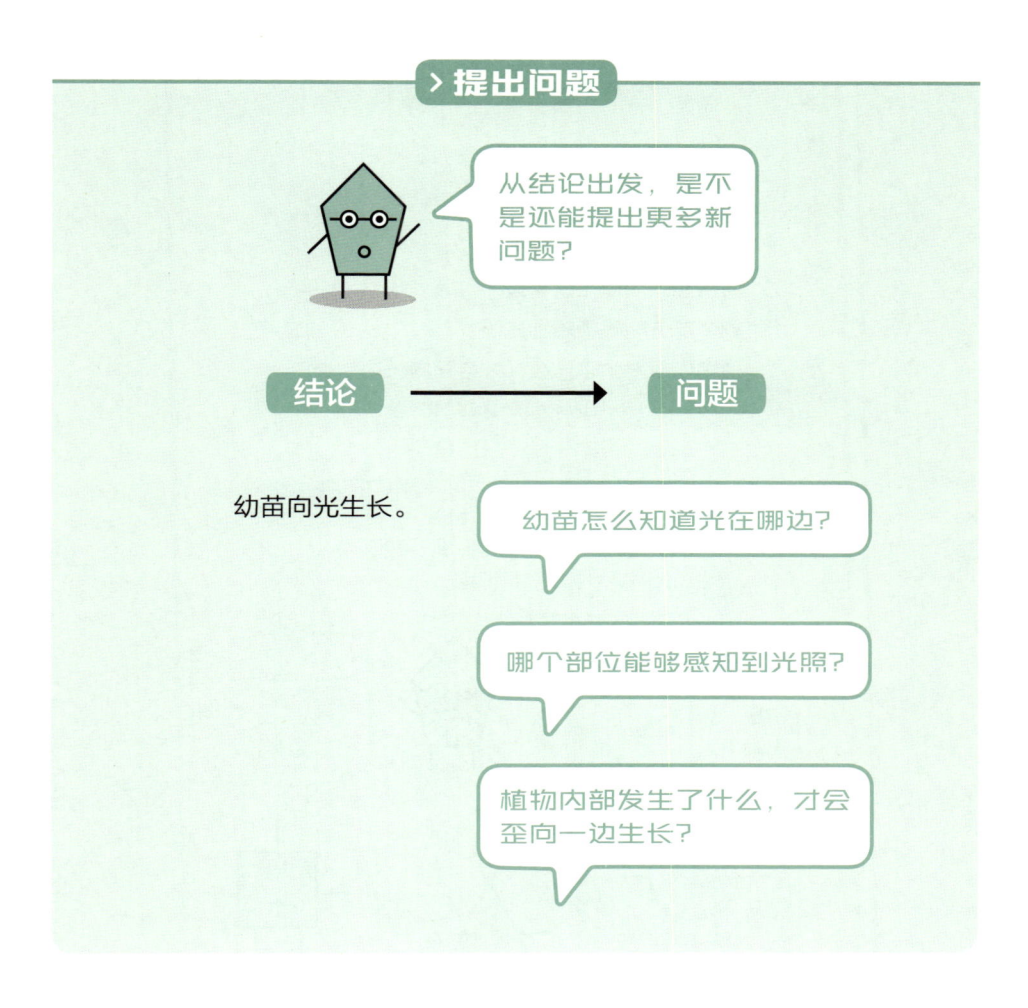

这时会提问 -2

得出结论后，结论本身又需要进一步解释时。

基础教法

讲解示范

给孩子示范如何在探究之后提出新问题。

197

像科学家一样思考：怎么做？怎么教？

> **回顾探究过程**

问题

为什么幼苗朝窗户生长？
幼苗怎么知道光在哪边？
哪个部位能够感知到光照？
植物内部发生了什么，才会歪向一边生长？

刚刚我们提出了许多问题，这些问题是从哪里来的？什么时候会提问？

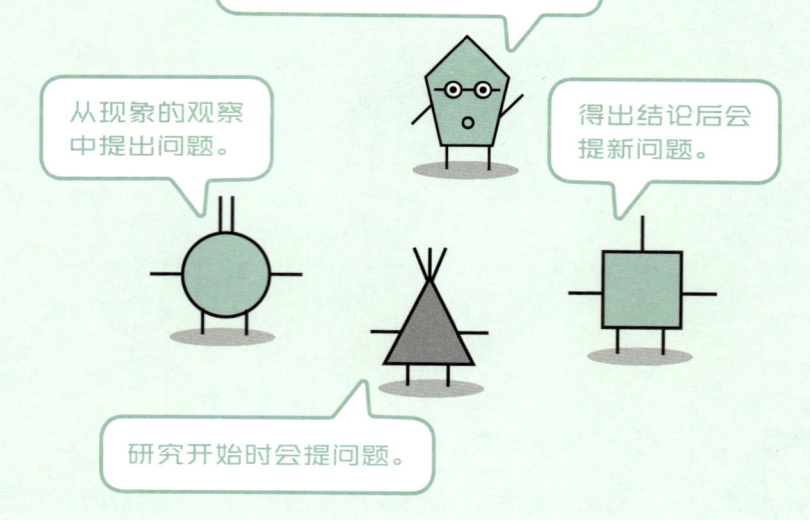

从现象的观察中提出问题。

得出结论后会提新问题。

研究开始时会提问题。

回顾提炼

进阶教法 让孩子看到问题从现象中来，带着孩子提炼问题的来源。

198

跟我一起探究——两个完整教学案例

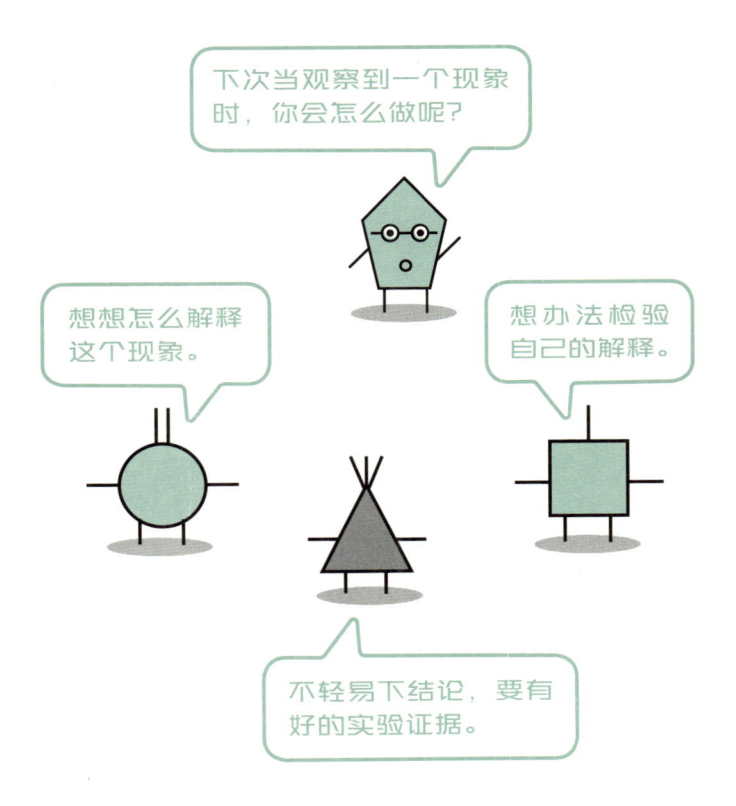

下次当观察到一个现象时，你会怎么做呢？

想想怎么解释这个现象。

想办法检验自己的解释。

不轻易下结记，要有好的实验证据。

像科学家一样思考：怎么做？怎么教？

案例 2　声音是怎么产生的？

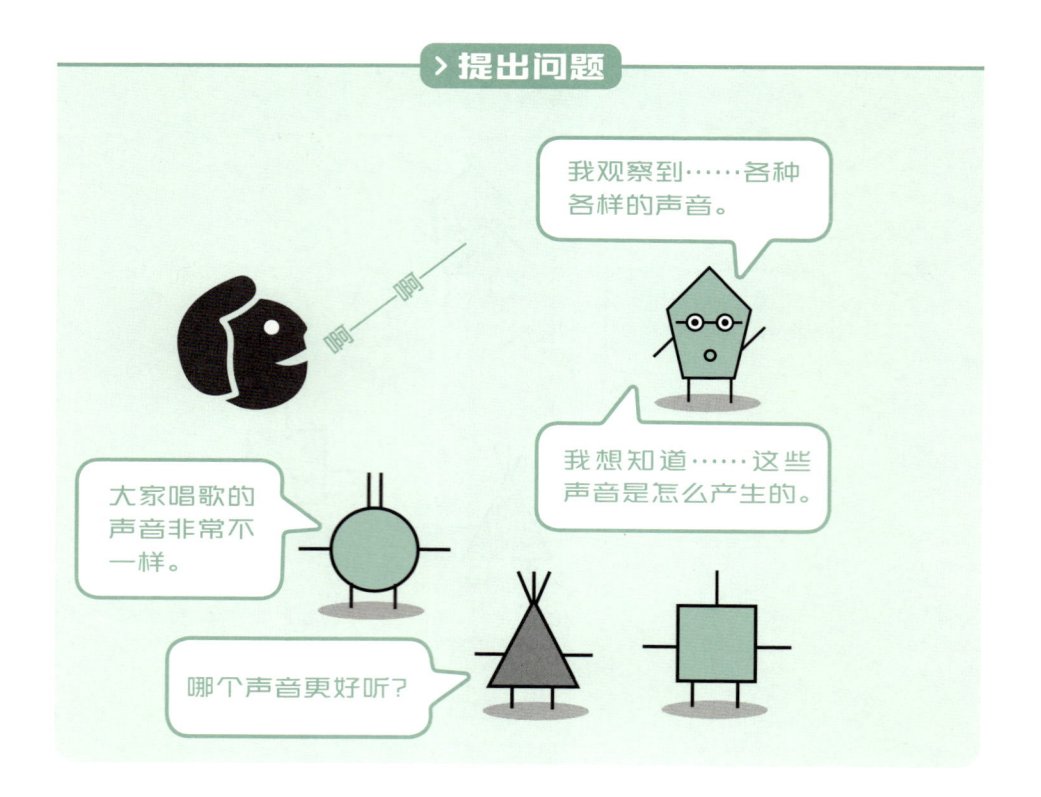

> 提出问题

我观察到……各种各样的声音。

我想知道……这些声音是怎么产生的。

大家唱歌的声音非常不一样。

哪个声音更好听？

问题从这里来 —2

从对自然中发生的事情的观察中来。

基础教法

讲解示范

为孩子示范如何从观察中提出问题。

200

跟我一起探究——两个完整教学案例

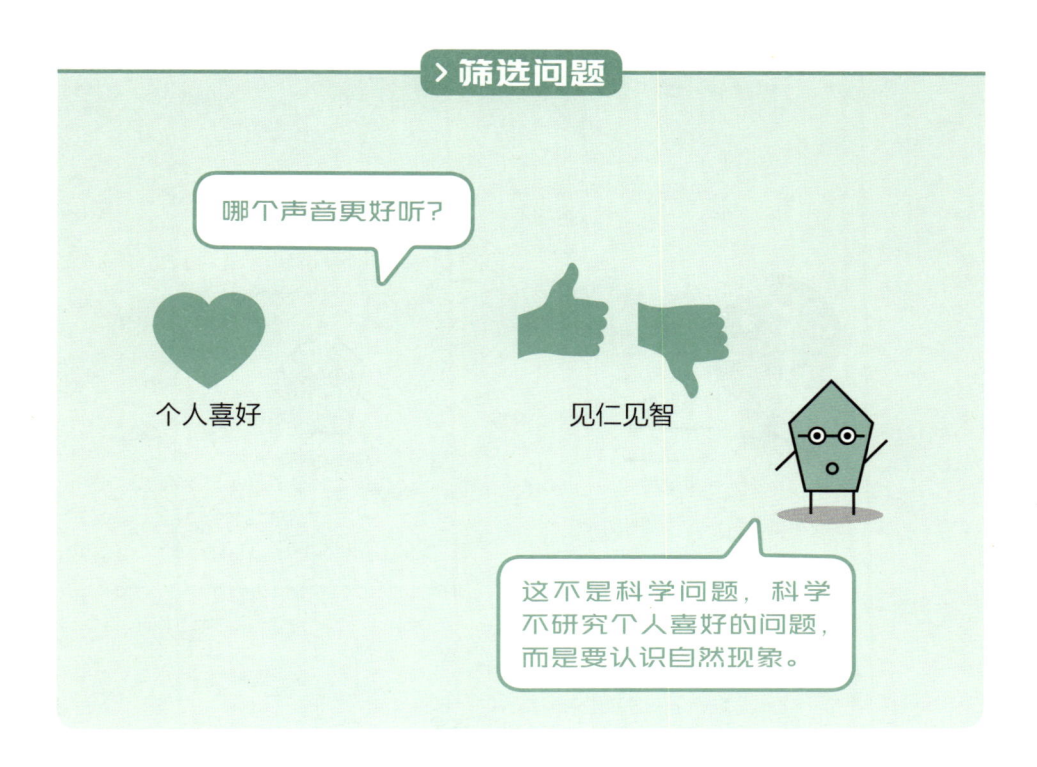

> 筛选问题

哪个声音更好听？

个人喜好

见仁见智

这不是科学问题，科学不研究个人喜好的问题，而是要认识自然现象。

有些问题关乎审美，见仁见智，科学家不研究这样的问题。

基础教法

> 讲解示范

老师示范选出科学问题的过程。

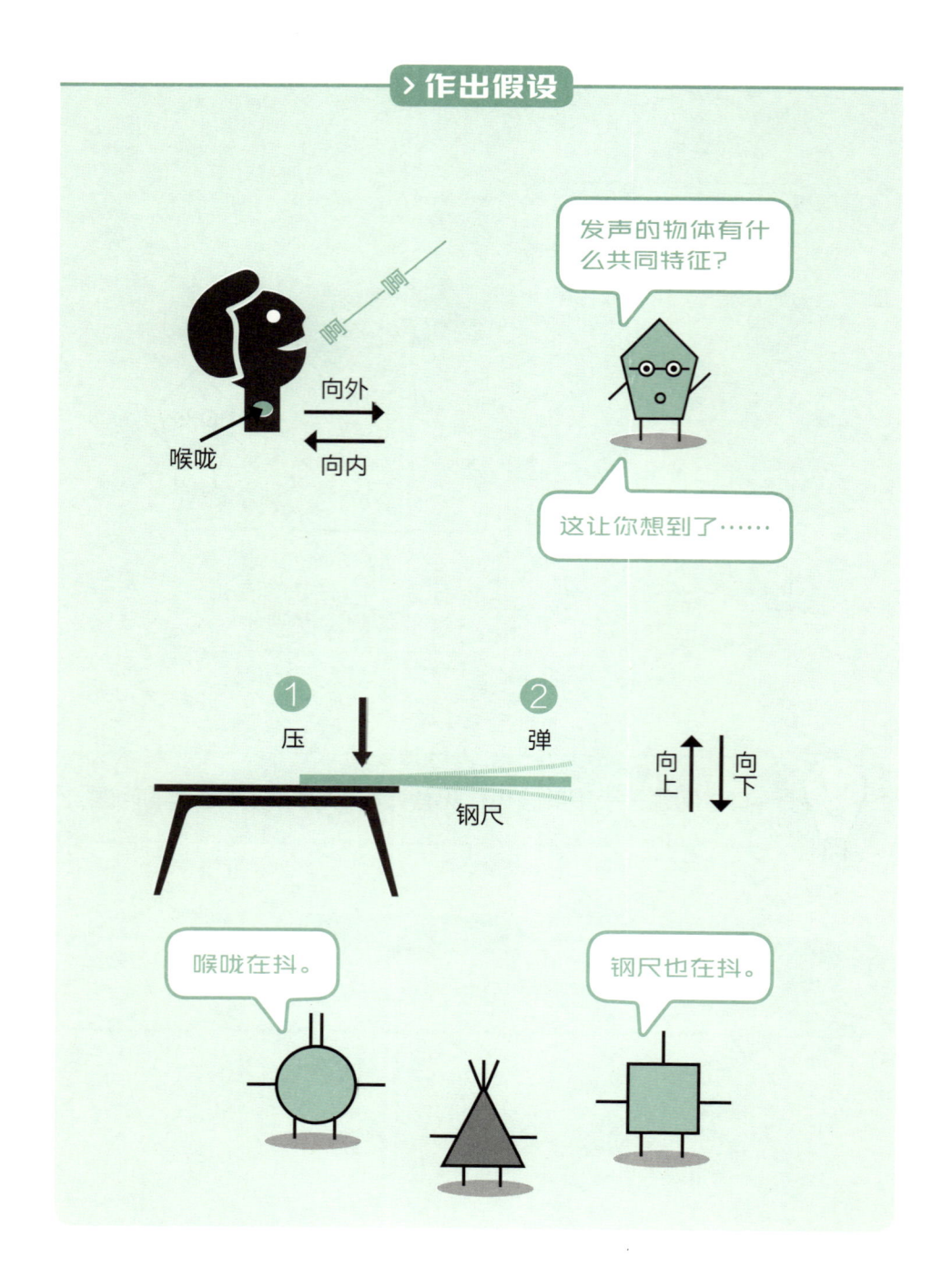

像科学家一样思考：怎么做？怎么教？

> **作出假设**

发声的物体有什么共同特征？

喉咙　向外　向内

这让你想到了……

① 压　② 弹

钢尺

向上　向下

喉咙在抖。

钢尺也在抖。

跟我一起探究——两个完整教学案例

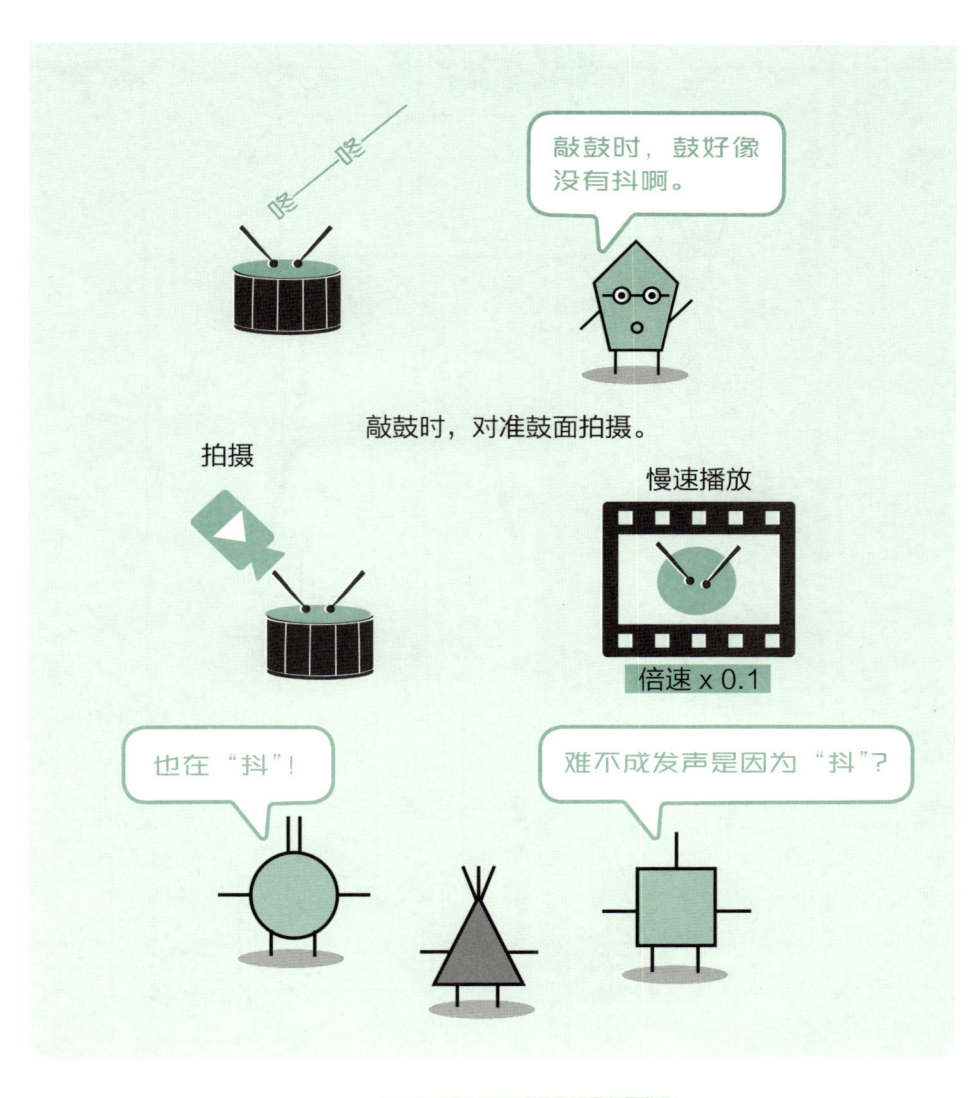

咚—咚

敲鼓时，鼓好像没有抖啊。

敲鼓时，对准鼓面拍摄。

拍摄

慢速播放

倍速 x 0.1

也在"抖"！

难不成发声是因为"抖"？

作出假设的线索 −1

一组研究对象具有的共同特征。

支持帮助

基础教法　引导孩子们寻找相关线索，启发他们作出假设。

203

像科学家一样思考：怎么做？怎么教？

> **进行实验**

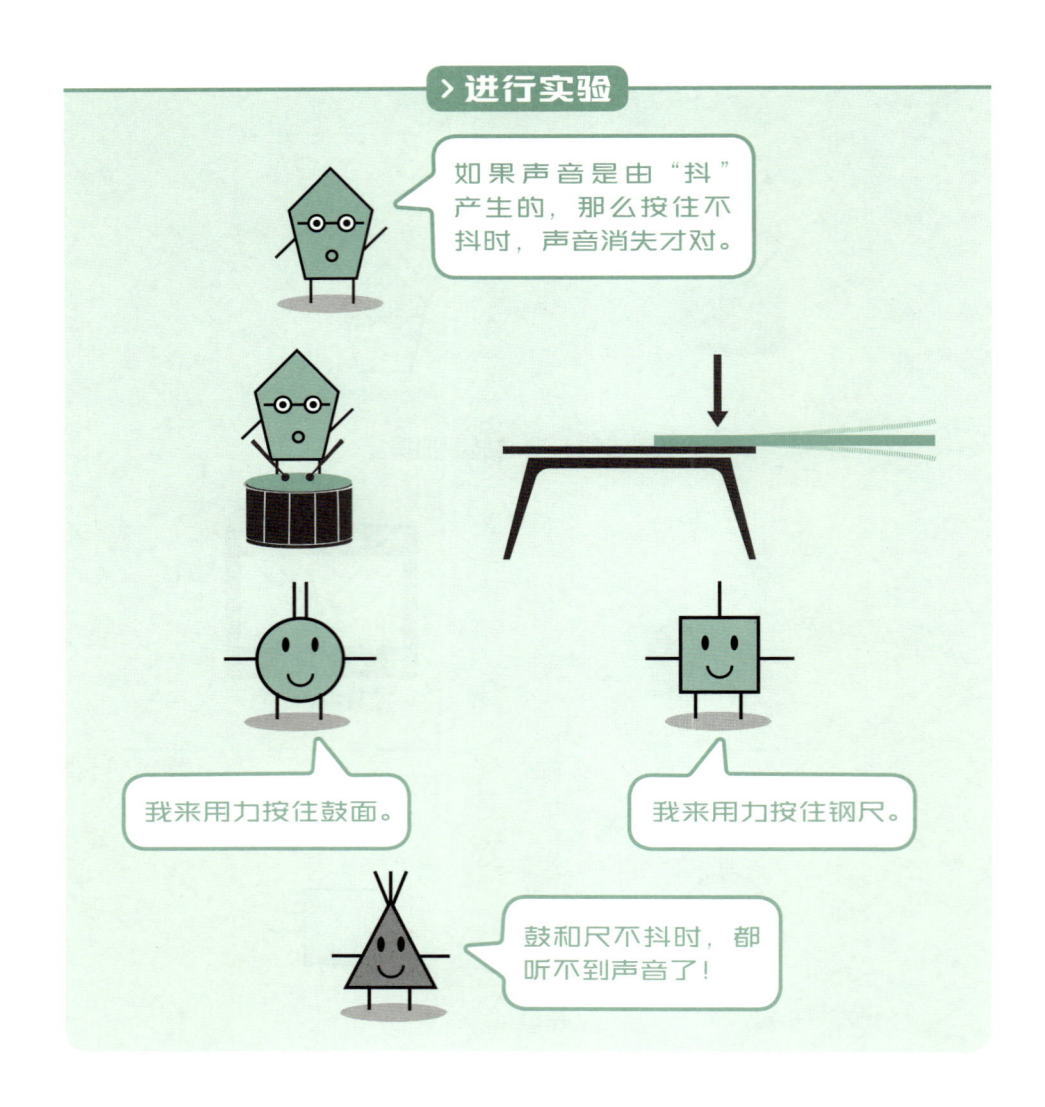

如果声音是由"抖"产生的，那么按住不抖时，声音消失才对。

我来用力按住鼓面。

我来用力按住钢尺。

鼓和尺不抖时，都听不到声音了！

这样设计实验 -2

思考怎么创设实验条件来检验这个假设。

讲解示范

基础教法　讲解实验方案为什么这样设计。

跟我一起探究——两个完整教学案例

▶ 论证观点

经过探究，你的结论是什么？是怎么得出来的？

问题 声音是怎么产生的？

观点 物体抖动产生声音。

证据 发声的喉咙、钢尺、鼓都在抖；按住这些不抖时，声音停止了。

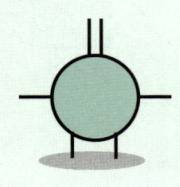

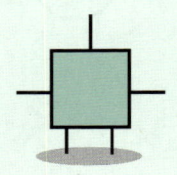

这样论证观点 -2

说明自己的观点和支持这个观点的证据。

提供机会

基础教法 让孩子从证据中得出结论，论证自己的观点。

像科学家一样思考：怎么做？怎么教？

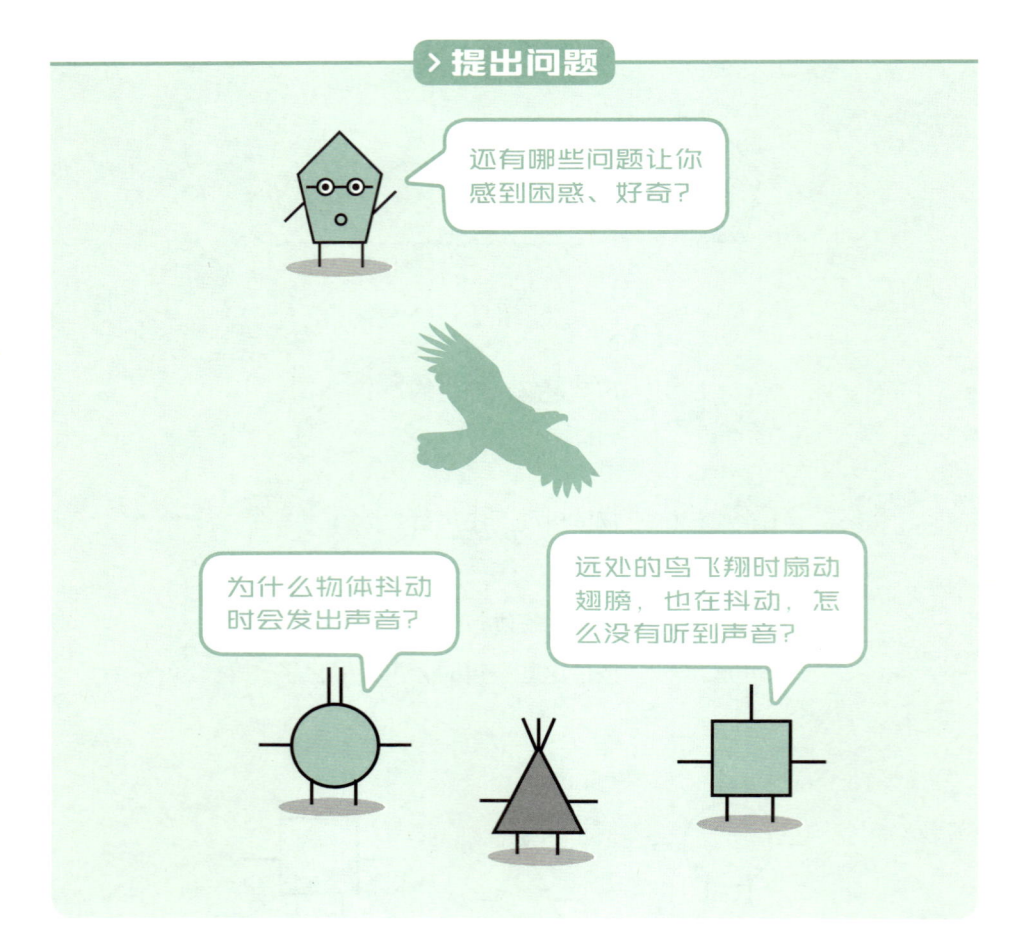

> 提出问题

还有哪些问题让你感到困惑、好奇？

为什么物体抖动时会发出声音？

远处的鸟飞翔时扇动翅膀，也在抖动，怎么没有听到声音？

这时会提问 -2

得出结论后，结论本身又需要进一步解释时。

这时会提问 -3

得出结论后又遇到新现象，现有的知识解释不了时。

提供机会

基础教法　给孩子机会，在探究之后提出新问题。

> **回顾探究过程**

前面，我们作出的假设是空想出来的吗？依据是什么？

是有依据的。

仔细观察研究的物体。

找它们的共同特征。

进阶教法

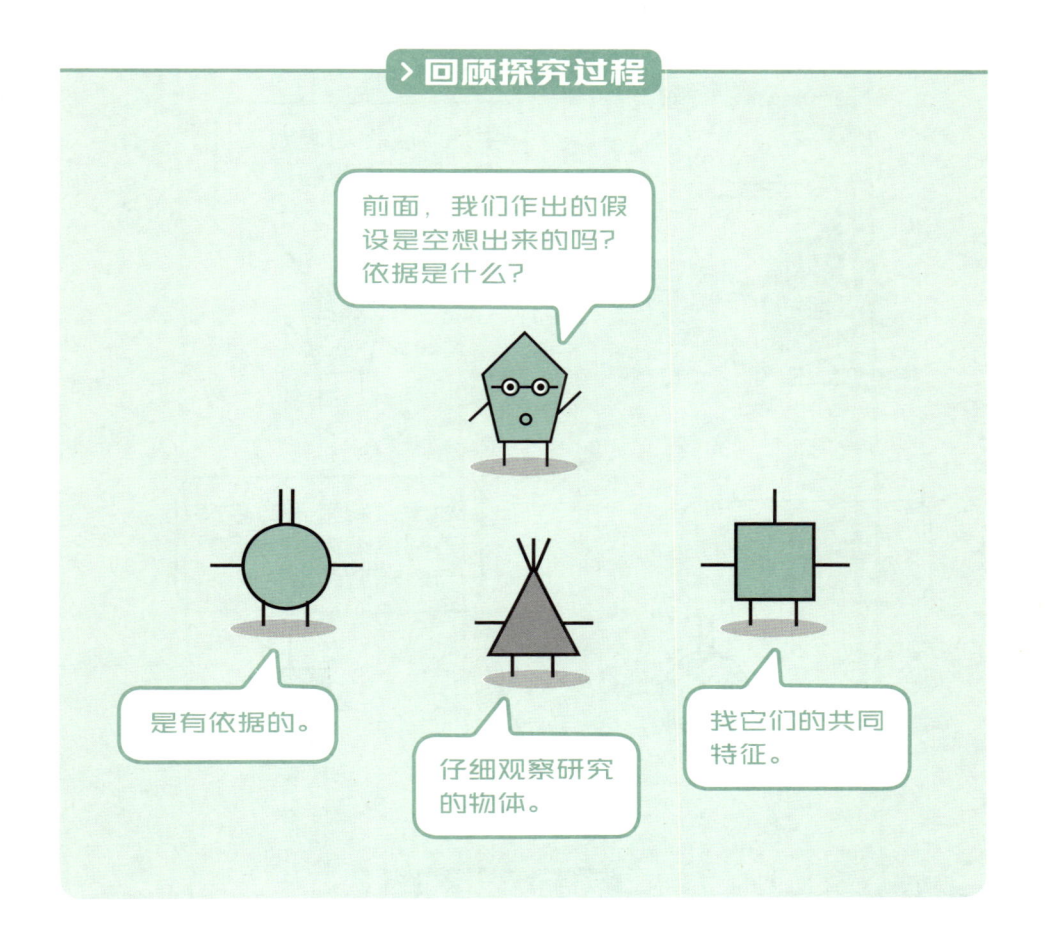

回顾提炼

让孩子们看到假设的来源，带着他们提炼怎么作出假设。

像科学家一样思考：怎么做？怎么教？

唰——唰——唰

生活中，你还听到过哪些声音？想问什么问题？

声音有大有小，是怎么回事？

为什么每个人的声音差别这么大，一听声音就知道是谁？

问题从这里来 −1

从对自然中物体的观察中来。

基础教法

提供机会

给孩子机会，在探究之后提出新问题。

好了，两个完整课例看完了，也请读者朋友们想一想：科学家完全按照书里写的这些方式思考吗？科学思考，只有书里这些教学方法吗？

以上就是本书的全部内容。捧着书看到这里的你，我有没有帮到你呢？接下来你打算做点什么呢？

就从准备一节"为科学思维而教"的课开始吧！

还想学习更多科学思考的内容?
请关注我的微信公众号
"像科学家一样思考",
告诉我你的需要吧!

后记　这本书，是怎么写出来的

你刚刚读完的这本书，真的是我在纠结与挣扎中坚持写完的。每次写一小节之前，我都要在心里酝酿很久的感情，才能写下第一行文字，画出第一幅图。能坚持写完这本书，对我来说是个很有意思的现象，这个现象一点儿也不比科学家研究的自然现象简单。

观察到这个现象，我想知道：能坚持写完，是哪些原因造成的？

和回答科学问题一样，拍脑袋是想不出答案来的，我得找找线索。回想两年多的写作过程，我觉得有这么几个可能的原因，每个原因都有自己的依据。

前两个假设与科学教育同行对我的帮助有关。假设一是科学教育前辈们的支持提携。苏教版小学《科学》教材主编郝京华老师、核心编者曾宝俊老师是我走进小学科学教育的引路人，他们一直给我创造各种试错的机会，让我深度融入这个大家庭。坚持做科学思维教学，离不开南京师范大学附属中学保志明老师的鼓舞，她的化学课让我对科学思维进课堂从将信将疑逐渐变成坚信不疑。没有这些前辈，我可能根本不会写这本科学思维教学的书。

假设二是许多科学老师的鼓舞。作出这个假设，是想到每次听课，和老师磨课、聊课，都看到每节课不知道设计、实施和改进了多少次，老师们不知疲倦地希望在课上为学生提供更多的科学思考的机会。这些老师为了把科学思维教给学生用尽了心思，为什么我连个稿子都写不出来？

下面两个假设都是关于这本书的策划编辑殷欢。假设三是策划编辑的鼓励。我把这个单独提出来，是因为2020年她在微信中留言："在您的公众号里，我看到您在用一种有意思的方式介绍科学，也得到了很多朋友的喜爱。我在想，您的这一成果是否可以考虑以图书的形式出版？"这是一种莫大的鼓励，在我不想写稿子时，想到这个，就觉得无论如何也得写完啊。

假设四是这位编辑的督促。想到这个假设，是因为每次收到她的一句问候"最近书稿进展怎么样？"，我要么编一个类似80%的数字，要么说一个"最近课很多"的理由，能拖一天是一天。一再拖稿的我，能坚持写完，真的离不开编辑一次次的督促。

最后两个假设是关于我自己。假设五是自己的一种成就感。每次写完一篇稿子，看到之前混乱的想法、繁杂的资料变成了思路顺畅的图文，都会自我感觉还不错。而且，发到公众号上以后，看到老师们积极的反馈，也满足了自己的一点虚荣心。

假设六是我自己对科学教育的一点感情吧。想到这个假设，主要是好像完全不说自己的作用有点儿不合适，毕竟最终一次次坐在桌子前，拿出笔写字，敲键盘打字的人是我自己。而且，很多学习和教学研究表明，个人的能动性对完成一个目标是有很大作用的。这样看来，这个假设也有可能是正确的。

提出了这么多个假设，怎么知道自己坚持写完这本书是不是这些原因呢？我得想办法收集一些证据。怎样的证据能够帮助我检验每个假设？怎么收集这样的证据？现在，书稿已经写完，我没办法回到写稿子的时候了，靠回忆收集到的信息还能给我充分且可靠的证据吗？

也许，这要留到我以后的写作工作中了。我需要有计划地观察和记录自己的写作过程发生了什么，才能拿到证据来检验这些假设。不过，比起研究自己为什么坚持了下来，我更愿意跳出科学的思维方式，简单地相信每一个假设都是对的。为什么呢？因为很多时候，我们切身感受到的，比实证检验过的来得真、来得实。

2022 年 5 月于南京大学仙林校区

作者简介

马冠中，天津人，听相声长大。香港大学科学教育博士，现为南京大学教育研究院·陶行知教师教育学院教师，苏教版小学《科学》教材编写组核心成员。独立运营微信公众号"像科学家一样思考"，致力于将科学教学的研究成果转化为通俗易懂的形式。琢磨怎么帮助教师做好探究教学，努力当好教师的服务员。多次在全国、省、市各级教师专业发展活动中为科学教师、科技辅导员做科学思考与科学本质教学等方面的专题培训。

本书概要

《像科学家一样思考：怎么做？怎么教？》是一本有趣味、凸显思维、有方法、案例丰富的科学思维教学指南，可靠、系统、接地气。全书各章节聚焦两个话题：科学家怎么做，科学教师怎么教，既有案例分析，还有要点总结、教学脚手架，以及关于各探究要素的"误解与澄清"。全书内容和体例设计新颖独特，力图帮助广大一线科学教师认识科学思维究竟是什么，如何正确有效地培养学生的科学思维。